琉球独立論

琉球民族のマニフェスト

龍谷大学経済学部教授
琉球民族独立総合研究学会共同代表

松島泰勝

basilico

琉球独立論

目次

装　　幀◉早川いくを
カバー写真◉©ICHIROU MIYAKO/a.collectionRF /amanaimages

はじめに

宜野湾市にある嘉数《かかず》高台は、琉球王国、沖縄戦、そして現在まで続く琉球の植民地としての現実を結ぶ焦点ともいえる地です。

嘉数高台は、沖縄戦における激戦地の一つでした。高台にある展望台からは、世界一危険な普天間飛行場が一望できます。そして、南方に目を転じれば「浦添《うらそえ》ようどれ」が見えます。「ようどれ」とは夕凪を意味する琉球古語ですが、転じて極楽という意味をも持っています。浦添ようどれは、一二六〇年に王統を開いた英祖《えいそ》王が極楽山に造営した陵墓ですが、沖縄戦で大きな被害を受け、外側にあった「暗《くら》しん御門《うじょう》」は破壊されました。現在の陵墓は戦後、浦添市が発掘調査を行った上で復元したものです。そこには、英祖王の墓所とともに、一六〇九年薩摩藩に侵略された時の王である尚寧《しょうねい》王の墓所があります。また、同じ敷地内に「沖縄学の父」と呼ばれた伊波普猷《いはふゆう》の墓もあります。

私は、米軍機がタッチアンドゴー訓練で、浦添ようどれの上空を爆音を鳴らしながら何度も旋回しているところを見ました。ちょっと想像してみてください。日本という国のアイデンティティを象徴する伊勢神宮や皇居、京都の神社仏閣の上空を、日常的に米軍機が訓練しているのを日本人が目にしたらどうでしょう。民族の歴史や文化、精神を否定され、卑しめられた気持ちにならないでしょうか。

オスプレイは墜落事故を幾度となく起こし、危険な軍用機として知られています。その訓練は、ハワイにあるカメハメハ王朝の聖地では島民の反対で中止になりました。けれども、琉球では大多数の島民の反対を無視して同機が普天間飛行場に強行配備され、訓練が行われています。

英祖王、尚寧王、伊波普猷は、琉球人の極楽浄土であるニライカナイに行っても爆音を聞かされ、その魂を休めることができないでしょう。


本書では、「沖縄」ではなく「琉球」という固有名詞を使っています。約六〇〇年もの間、独立国家であった時代の記憶を「琉球」という名が喚起するからです。

「沖縄」とは本来、沖縄島という一つの島の名前です。現在、宮古・八重山諸島の人々は沖縄島に行く時に、「沖縄に行く」とよく言います。沖縄島は琉球弧の中で最も面積が広く、国の主要機関、県庁、大学等が置かれ、広大な米軍基地もありますが、琉球の中心ではなく、あくまでも琉球を形成する島々の一つでしかありません。

「沖縄」が琉球を公的に指す名称として使用されたのは、日本による統治時代である一八七九年〜一九四五年、一九七二年〜現在までの一〇〇年程度であり、三山時代から始まる琉球国の歴史に比べると短い期間でしかありません。

『隋書』東夷傳流求國（六五六年）では、琉球または台湾として「流求、琉求、瑠求」の文字が使われています。そして、一四世紀に中山王・察度《さっと》が明に入貢した時から正式に「琉球」の文字が使用されました。このように、「琉球」は中国に由来する言葉ですが、ポルトガル人からはレキオ、レキオスと呼ばれ、欧州人が描いた地図でもLoochooと記載されるなど、古くから国際的に琉球王国が認知されていたことを示す言葉でもあります。

また、一般にはあまり知られていないようですが、薩摩藩の干渉下にあった一九世紀半ばにおいても、琉球王国はアメリカ、フランス、オランダと修好条約を締結していました。中国だけではなく、欧米諸国も琉球を独立国家「琉球王国」として認知していたのです。

「沖縄県」とは、明治政府が発足して琉球が日本に併合された時に強いられた名称であり、そして戦後の米軍統治時代を経て日本に「復帰」した（再度併合された）時に再び復活した名称です。つまり、「沖縄」とは日本への帰属性を意味する名称でもあるのです。

琉球人は独自の歴史や文化を持つにも関わらず、日米の植民地支配を受けてきた民族です。そして、琉球人である私は、民族としての琉球人を明示するためにも「琉球」という国名を本書で敢えて使いました。

多くの日本人は、近現代における「本土」（日本）との関係の中で琉球人が強いられてきた苦難の歴史を潜在意識のうちに感じながらも、知らない、知りたくない、知らないふりをする、といった行動様式に終始しているのではないでしょうか。自分たちにとって「不都合な真実」からは目を背けたいという気持ちもわからないではありません。

しかし、先に述べたように琉球人は、ごく一般的な意味でひとつの「民族」として定義される必要かつ十分な要件を満たしていると私は考えます。そして、いうまでもなく琉球人は、日本人および他の民族と同様、自分たちに向けられた理不尽な仕打ちに対して異議申し立てをし、かつ行動する権利を有しているはずです。

ちなみに「民族」という概念は、使用されるケースによってその意味が微妙に異なる場合が往々にしてありますが、本書ではDNAを基準とした「人種」とは峻別し、一定の年代において風土、文化、言語などを共有する、つまり歴史を共有する共同体と定義しています。

いずれにせよ、日本の人々には過去に琉球で何が起きたか、そして現在何が起きているのか、正確に理解していただきたい。いや理解するべきなのです。なぜなら、日本人は琉球の歴史に深く関わってきた当事者に他ならないからです。

そして、「琉球の真実」を知れば、「琉球独立」が決してトリッキーな言葉遊びなどではなく、極めて普遍的でオーソドックスなテーゼであることがわかっていただけると思います。

また、琉球の人々には、自らの歴史をいま一度振り返り、薄れゆく記憶を取り戻すと同時に現状を咀嚼し、いま何を為すべきか沈思していただきたいと願ってやみません。

本書は「琉球の独立」をテーマとして、歴史、理念、政治経済、国際関係等、多角的な視点から述べた研究の書であると同時に、琉球独立を絵空事だと考える人々との論争の書でもあります。さらにいうならば、私と琉球との関係を自らの体験や記憶を通して明らかにした私的「琉球独立論」ともいえるものです。

第一部　琉球小史

第一章　琉球王国の成り立ち

先史時代

琉球の先史時代は、土器が出現する前の旧石器時代と土器出現後の貝塚時代に分けられます。

琉球列島で発見された最古の人骨は、那覇市山下で発掘された山下洞人で約三万二〇〇〇年前のものと推定されています。また、全身の骨格がそろっている最古の人骨は具志頭村《ぐしちゃん》（現八重瀬町《やえせ》）で発掘された港川人《みなとがわ》で、約一万八〇〇〇年前のものとされています。ただ、琉球ではその後貝塚時代に至るまで、遺跡は発見されていません。貝塚時代の最も古い遺跡は約六〇〇〇年前のものであり、旧石器時代の港川人から貝塚時代まで一万年あまりの空白があります。

琉球先史に関する最近の研究によると、琉球列島のような規模の島嶼において旧石器時代の特徴である狩猟採集による食糧資源では定住して子孫を永続的に増やしていくことが困難であり、絶滅したのではないかと考えられています。

港川人が絶滅したかどうかはともかく、貝塚時代になって定住が可能となったということはほぼ定説になっているようです。貝塚時代の人々は、狩猟採集に加えて珊瑚礁の魚介類を食糧としていたことがわかっています。小さな島の食料資源を最大限に利用して、定住に成功したわけです。

なお、この貝塚時代は、前期（日本の縄文時代）と後期（日本の弥生時代～平安時代）に分かれます。貝塚時代前期には、奄美諸島と沖縄諸島の人々は土器を使い始めました。ただ、縄文時代の日本にあったような土偶は琉球では発見されていません。他方、ジュゴンの骨で作られた蝶形骨製品が祭祀具として使用されていましたが、こうした蝶形骨製品や獣形貝製品は縄文時代の日本では見られません。

貝塚時代後期に入ると、貝製の錘を使った漁網、イモガイの貝符が使われ始めます。また、シャコ貝の蝶番の部分で作られた貝斧は、カヌーをつくる手斧だと考えられています。このように、海で採れる貝を加工した様々な道具や装飾品が多くなるのも後期の特色であり、遺跡の立地も前期の高台から海辺に移っています。

この時期、貝製品の材料となる貝は日本列島に、それも遠くは北海道にまで大量に運ばれていたことがわかっていて、その交易ルートは「貝の道」と呼ばれるものです。

この貝塚時代後期は弥生文化の影響をほとんど受けておらず、むしろ独自の文化が顕在化する時代です。

この貝塚時代の人々が、現在の琉球人のルーツとされていますが、ＤＮＡその他の調査研究が進むことにより、琉球人の祖先について将来さらに詳しいことがわかるかもしれません。

貝塚時代は、一二世紀になりグスク時代が始まる頃に終わりますが、その末期には農耕が始まっています。

琉球の王統神話

日本に『古事記』や『日本書紀』のような皇統神話を記した書物があるように、琉球にも『中山《ちゅうざん》世鑑《せかん》』という国生みと王統についての神話を記した書物があります。『中山世鑑』は一六五〇年に摂政羽地《はねじ》朝秀《ちょうしゅう》が王命を受けて編纂した琉球最初の正史とされています。正史とはいいながら、記紀と同様神話的色彩の濃いものですが、それによると琉球王統についておおよそ次のようなことが記されています。

天の最高神アマミク（阿摩美久）が琉球の島々をつくり、そこへ夫婦神を遣わせた。夫婦神は三男二女をもうけ、長男は国王の祖先となりその王統を天孫《てんそん》氏と言った。次男は豪族（按司《あじ》）となり、三男は百姓、長女は聞得大君《きこえおおきみ》（チフィジン。最高神女）、そして次女は神女（ノロ）の祖先となった。天孫氏は、二五代にわたって沖縄島を支配するが、一二世紀末頃に重臣であった利勇《りゆう》が王を殺し王位を簒奪する。しかし、浦添按司であった舜天《しゅんてん》は利勇に従わず、これを討って国を統一した。以後、三代にわたって舜天の一族が支配したが、第三代の義本《ぎほん》は天孫氏の末裔とされる英祖に禅譲する。英祖王統は五代にわたって続いた。

グスク時代

一二世紀に入ると、琉球は稲作や畑作を中心とした本格的な農耕社会に移行し人口は急増します。また、この時代には石垣を用いたグスクと呼ばれる城が多数建造されたことからグスク時代と呼ばれますが、その構築技術は極めて高度なものとされています。

ちなみに、琉球にある多くのグスクと遺跡の中で、五つのグスク（首里城跡、中城《なかぐすく》城跡、座喜《ざき》味《み》城跡、勝連《かつれん》城跡、今帰仁《なきじん》城跡）と、その関連遺産の四つの遺物（園比屋武御嶽《そのひやんうたき》石門、玉陵《たまうどぅん》、識《しき》名《な》園、斎場御嶽《せーふぁうたき》）は二〇〇〇年に世界遺産として登録されています。

なお、農耕社会が成立したこのグスク時代から薩摩藩が侵略する一六〇九年までを、一般に古琉球時代と呼んでいます。

後期貝塚時代の琉球列島には奄美・沖縄諸島の貝塚文化圏と宮古・八重山の先島先史文化圏の二つの文化圏が存在していましたが、グスク時代になると奄美諸島、沖縄諸島、宮古・八重山諸島が一体となった琉球文化圏が成立します。そして、初めて「琉球」と呼べる原初的な民族共同体が形成され、列島各地は按司、ティダ、世の主などの支配層によって統治されるようになります。

グスク時代の島々では麦・粟畑作と稲作、牛の飼育が行われ、高度な窯業生産や鉄器生産がみられ、それらの生産物が琉球の広域で流通していました。

東シナ海をまたいで、中国大陸との間でヒトやモノの交流が盛んになったのもこの時代です。『元史』（一二六九年）所収の『温州府誌』は、一二七一年に「密牙古《みやこ》（宮古）人」が交易の途中で温州に漂着し、二艘の船に六〇人が分乗していたことを伝えています。

開元通宝や漢時代の五銖銭が沖縄諸島から出土され、中国から近い八重山諸島でも多くの中国貨幣が見つかっています。一方、中国では琉球産のゴホウラやイモガイが発見され、大陸と島々の間で交易が活発に行われていたことがうかがわれます。

グスクからは一三～一五世紀の中国製陶磁器が大量に出土された他、東南アジアの陶器も発見されました。また、浦添ようどれの造営には朝鮮半島の高麗人も参加し、墓室内の建物に高麗瓦が葺かれています。朝鮮楽浪の土器が沖縄諸島から発見されるなど、朝鮮半島の人々とも交流があったこともわかっています。

このようにグスク時代の琉球は、中国をはじめ、日本、朝鮮、東南アジアとの交易を通してアジア貿易の中継地としての存在意義を持ち始めます。後の通商国家琉球王国の原型は、この時代に形成されたといってよいでしょう。

ちなみに、徳之島で製陶されたカムィヤキは、一一世紀後半から一四世紀前半にかけて琉球列島各地で交易されていました。甕、壷、鉢、椀等のカムィヤキの窯跡は、一〇〇カ所以上で確かめられています。私は徳之島を訪れた時にカムィヤキの窯跡を訪れましたが、自然の土地の傾斜を利用した窯跡は今でも土が黒染んでいました。土器の破片を手で触りながら、当時の島人の生活に思いを馳せたことを今でも時折思い出します。

三山時代から尚氏王統時代へ

一四世紀に入ると、沖縄島の北から北山国、中山国、南山国という三つの王国が形成されました。この時代を三山時代と呼び、約百年続きます。

なお、沖永良部島では北山王の次男真松千代《まちじょ》が、また与論島でも北山王の次男王舅《おーしゃん》が世の主としてそれぞれの島を統治したと言い伝えられ、その墓所も残っています。今でも晴れた日には、与論島から沖縄島の北部地域を肉眼ではっきりと見ることができます。

一三七二年、明国の求めに応じて最初に中山国が明国と朝貢関係を結びました。その後、他の二つの王国も明に朝貢するようになります。明国と外交・交易関係を始めた三山時代から、琉球に他国から認知される「国」が成立したといえるかもしれません。

さて、三山の中では、南山の按司だった尚巴志《しょうはし》がその勢力を拡大させます。尚巴志は一四〇六年に中山王武寧《ぶねい》を滅ぼし、自分の父である尚思紹《しょうししょう》を王につけます。次いで、一四一六年には北山王攀《はん》安知《あんち》を滅ぼし、その領土だった奄美諸島南部をも領有します。そして一四二九年、南山王他魯毎《たるみ》を滅ぼして琉球を統一し、首里城を王都とする初代琉球国王となります。尚氏王統の始まりです。

尚巴志に始まる尚氏王統は、六代続きます。その間、第五代の王位をめぐって第四代尚金福《きんぷく》（巴志の六男）の息子尚志魯《しろ》と弟の尚布里《ふり》の間で権力闘争が起こり、その際に首里城は焼失し、「琉球国王之印」も失ってしまいます。結局、両者は相斃れ、尚泰久《たいきゅう》（巴志の七男）が改めて明から金印を下賜され、第五代琉球王となります。尚泰久王はその在位中に「異産至宝は十方刹に充満せり」という言葉を残していますが、これは朝貢貿易によって様々な物産が琉球にもたらされる様を表現したものでしょう。

また、尚泰久王は大世通宝を鋳造するとともに、次のように琉球の海洋思想が明確に記された鐘を首里城正殿に吊しました。

「琉球国は南海の勝地にして、三韓の秀をあつめ、大明（明）をもって輔車となし、日域（日本）を以て脣歯となす。此の二つの中間に在りて湧出する蓬萊島なり。舟楫をもって万国の津梁（架け橋）となし、異産至宝は十方刹（国中）に充満せり」（原文漢文）

当時の琉球の世界認識は「大国の属国、琉球」ではなく、中国、日本と対等なポジションで、その二国を琉球国存立のために利用しているというものです。そこには弱小国の卑屈さはありません。危険を冒しながらも航海をする海洋民族の気概に満ちています。そして、その気概は航海によって獲得した豊かな経済的利益に裏付けされていたのです。

さて、尚泰久王の子である第六代尚徳王は九年足らずで死没しますが、次の王として重臣たちは、尚徳王の世子ではなく重臣のひとりであった金丸《かなまる》を選びます。

金丸は、即位後尚円王を名のり、第二尚氏王統が始まります。この王統は、最後の琉球王である尚泰王まで、一九代にわたって続くことになります。

中でも特筆されるべきは尚円王の世子である尚真王の時代であり、その治世は五〇年におよび、その間、琉球王国は黄金時代を迎えます。

尚真王は幼名を真加戸樽金《まかとたるかね》と称しましたが、尚円王の逝去時にはまだ幼いという理由から尚宣威《せんい》王（尚円王の弟）が王位を継ぎます。しかし、尚宣威王はわずか六カ月で退位し、一四七七年、第二尚氏第三代琉球王として真加戸樽金が王位に就き、尚真王と名のります。

尚真王の時代に王国の内政は整備され、交易は以前にも増して活発になります。

内政に関して尚真王は、各地の按司（豪族）を首里に集め、地方行政は按司掟《あじうっち》（代官）が代行するという中央集権体制を築きます。その際に刀剣等の武器を取り上げ国家で管理し、内乱を未然に防ぐようにしました。他方、那覇港入口の三重城《みえぐすく》、屋良座森城《やらざむいぐすく》には砲台を設置し、外敵侵入に備えました。また、王の死去に伴う女官の殉死は廃されます。

さらに、尚真王は領土を拡張するとともに年貢を徴収することによって、財政基盤を安定させようとします。これに抵抗した八重山には軍を送って従属させ、それまでに組み入れた奄美諸島と併せ、王国史上最大の版図を実現しました。

対外交易に関しては、朝貢を基盤としながら日本や朝鮮、東南アジア各国とも活発に行われ、琉球王国は東アジアにおいて独特のポジションを獲得します。

なお、古琉球時代にはヒキと呼ばれる一二の家臣団があり、それぞれの統率者は船頭（勢頭《せど》）と称され、ヒキの名前はそのまま貿易船の名前となっていました。琉球での知行は旅役の回数に応じてなされ、旅役は唐旅、大和旅、地下旅（琉球内）に分かれていました。先祖伝来の知行であっても、旅役が少なければそれが否定されました。国家の組織名と船の名前が同じであり、貿易活動が家臣団統治の土台になっていたことからもわかるように、琉球は名実ともに海洋国家でした。

尚真王の時代に刻まれた頌徳碑文の中に「堅牢国家、津梁万国」という言葉がありますが、琉球人は自らの国が貿易国家であると認識していたことがわかります。

冊封体制下のアジア

当時のアジアではパックス・チャイナともいうべき独特な秩序が維持されていました。それは中国型華夷秩序と呼ばれるものであり、具体的には朝貢冊封関係と呼ばれる外交関係、貿易関係によって成り立っていました。

一九世紀になって欧米の侵略を受けるまで、古代よりアジア諸国にとって中国は政治経済、軍事、文化といったあらゆる面でグローバルスタンダードともいえる圧倒的な存在でした。中国という中核国を中心に周辺国家がシステム的に序列化され、決められた通商路、貿易港を通じて中国の朝廷に対する儀礼活動や、経済活動が行われました。そして、この中国型華夷秩序は、中国を中心とした縦の関係だけでなく、朝貢国相互の儀礼的、経済的関係も形成し、アジア域内の分業と利益の蓄積を可能にした地域システムとなっていました。このシステムは、金や元の台頭により宋代に一度破綻しますが、明代になって復活し清代に引き継がれます。

朝貢とは、周辺国の君主が中国皇帝に貢物を献上し、皇帝がそれを大きく上回る物産を下賜するという貿易形態です。中国にとっては極めて不利なシステムですが、朝貢を受けるということは皇帝の威光を顕すことでもあり、歴代の政権はそれを基本的に歓迎していました。もっとも、辺境を版図としてそれを維持するためのコストに比べると、下賜にかかるコストの方が安上がりだったという実利もあったかもしれません。

冊封とは、冊封使が中国と朝貢関係をもつ各国に渡来し、王号を授与する儀礼外交関係です。琉球に対しては、一四〇四年の中山王武寧から一八六六年の琉球王尚泰まで冊封体制が維持されました。

ちなみに、日本では室町時代に明皇帝が足利義満を日本国王に任じ、日明貿易が行われます。その際、足利将軍は琉球国王と同格の位置付けでした。つまり、明は琉球王国を日本と同格の国と認識していたわけです。

ところで、こうしたシステムを裏付ける中華思想とは、五経の一つである『春秋』にその起源があります。夷狄《いてき》とは中華（または華夏、中国）の対立概念であり、人倫を知らない存在を指します。すなわち、華夷秩序観とは中華がもたらす徳化により夷狄は中華の恩恵が受けられるという儒教倫理に基づく世界観です。表現を変えれば、中国は周辺諸国・地域を文化的に統治しようとしたともいえます。北方の匈奴《きょうど》や朝鮮北部、西域など、安全保障上、経済上の直接的利害がある地域を除き、原則的には朝貢国に対して中国が軍事力を行使したり、内政に干渉することはありませんでした。

琉球に対して、明の洪武帝は自らへの朝貢を勧めるとともに、福建地域に住む「閩人《びんじん》三十六姓」と呼ばれる人々を琉球に移住させ、両国の政治経済的、文化的関係を強化しました。これらの明国人は沖縄島の久米村で生活したことから久米村人《くにんだー》と呼ばれ、外交文書の作成者、通訳、進貢船の船員、外交使節等となり、琉球王国の外交、対外貿易で大きな役割を果たしています。琉球における東アジア、東南アジアの華人ネットワークと結ぶ拠点が久米村でした。一七一八年には、久米村人子弟の学校として明倫堂が設置され、一七九八年に王国の最高学府である国学が創建されると久米村人が教鞭をとりました。

明国人が来琉して中国、東南アジアとの外交関係を取り結ぶ仲介をするようになったのは一四世紀末からですが、一五世紀になると日本人僧侶が琉球に来て仏教を伝えるとともに日本との外交実務を担いました。琉球は有能な人材を他国から採用して、貿易国家としての実力を培ったわけです。

琉球のエリートは中国の最高学府の国子監《こくしかん》で学びましたが、留学中の学費は中国側が負担しています。一三九二年から一八六九年まで国子監に八一人が留学しましたが、これらの国費留学生を官生《かんしょう》と呼びました。対して、私費留学生は勤学《きんがく》と称され、その数は総計で約一二〇〇人におよびました。これらの留学生は、外交文書作成、通訳等に携わり、造船、航海、中国の文物等を琉球に伝えています。琉球王国は、こうした官生、勤学を中心とした技能を持った人材を東南アジア、中国、朝鮮、日本等に派遣し、物産の価格差を利用して経済的利益を獲得しました。

通商国家としての琉球

琉球人進貢使と明皇帝との間には進貢物と頒賜物との交換があり、公貿易のために琉球から持ち込んだ附塔物に対しては官収買が行なわれました。他方で、官収買で得た貨幣や物産、滞在経費として皇帝が支給した物産の残り、琉球から持ち運んだ物産を売って得た資金を元手にして琉球人は私貿易も行っています。

公貿易や私貿易では、中国貨幣が交換手段とされました。したがって、中国型華夷秩序による経済は、中国の価格体系で調整されていました。そして、基軸通貨である中国貨幣はアジア各地に散布され、銀や銅の決済圏が形成されます。回賜品（皇帝からの支給品）の価格が市場価格より安くなり、貨幣価値の下落で朝貢国が損害を被った場合も稀にありましたが、朝貢国は私貿易を拡大させることにより総じて利幅を増やすことができました。

琉球王国は、東アジアの中心に位置するという地理上の有利性を活かし、中継貿易のセンターとなります。琉球にはアジア諸国の物産が集められ、それを各地に再販売することにより王国は多大な利益を得ました。日本からは刀剣や扇、中国からは磁器や絹織物、東南アジアからは胡椒、蘇木、象牙、犀角、沈香、壇香、束香、珍禽類、錫、南蛮更紗、酒類、薔薇露水等が集められました。一方、琉球の物産としては、硫黄や馬等がありました。こうした貿易品の中には線香、竹製品、茶、紙、庶民用の衣料品、傘、鉄針、磁器、漢方薬等も含まれるようになり、一般の琉球人の生活にとっても対外貿易が大きな意味を持つようになります。

東恩納寛惇《ひがしおんなかんじゅん》の計算では、胡椒の場合、明国の買上げ価格は現地買付け価格の約七〇〇倍から約八〇〇倍にもなり、蘇木についても同様な利益が見込まれていたそうです。こうした経済的利益を基にして、琉球国内には天王寺、円覚寺、天界寺等の多くの寺社が創建され、巨鐘や貨幣が鋳造され、金・銀・銅の簪《かんざし》制度等の国家諸制度が整えられていきます。琉球は、アジア間分業・通商体制で生まれた利益を獲得して、島嶼国家としてその財政基盤を強化しました。

ポルトガルの商人トメ・ピレスは、一六世紀初頭の琉球と琉球人について、次のように述べています。

「われわれの諸王国でミラン［ミラノ］について語るように、シナ人やその他のすべての国民はレキオ人について語る。かれらは正直な人間で、奴隷を買わないし、たとえ全世界とひきかえでも自分たちの同胞を売るようなことはしない。かれらはこれについては死を賭ける。レキオ人は偶像崇拝者である。もしかれらが航海に出て、危険に遭遇した時には、かれらは、『もしこれを逃れることができたら、一人の美女を犠牲として買い求め、ジュンコの舳で首を落しましょう』とか、これに似たようなことをいって［祈る］。かれらは色の白い人々で、シナ人よりも良い服装をしており、気位が高い。（中略）レキオ人は自分の商品を自由に掛け売りする。そして代金を受け取る際に、もし人々がかれらを欺いたとしたら、かれらは剣を手にして代金を取り立てる」（トメ・ピレス・生田滋他訳注『東方諸国記』岩波書店）

レキオ人（琉球人）は民族的に団結し、掛け売り等の商売方法を駆使して利益を求めていたことがわかります。ちなみに、レキオ人の偶像崇拝とは、福建伝来の天妃《てんぴ》信仰のことです。華人が定住するアジア諸地域と同じく琉球内にも天妃信仰の拝所があり、現在でもそれを崇拝している琉球人がいます。

琉球は明朝、清朝双方に慶賀の礼をとってきました。清朝が最終的に国家統一に成功すると、満州民族に合せた風俗に身を変えて忠誠の意をみせました。そして、明清移行期の経験から学び、中国で発生する政変に備えて、中国朝廷への忠誠を常に書き記せる空道《こうどう》と称せられた白紙を進貢使は常備していました。琉球は中国を統治する民族が漢民族であるか満州民族であるかに関係なく、貿易の制度的枠組みを保障する中国型華夷秩序が保持されることを望んでいました。その秩序の中で中国に対して臣下の礼をとりながらも実質的には自立し、したたかな戦略の下に自らの国益を最重視した貿易活動を行い、独立国として存立し続けたのです。

貿易相手国との外交文書が『歴代宝案《れきだいほうあん》』（全二七〇巻、内現存二五〇巻）に残されています。そこには、一四二四年から一八六七年までの中国、朝鮮、東南アジア諸国との往復書簡が収録されていますが、その記述内容で注目に値するのは、琉球が資源をほとんど持たない国であり、王国を存続させるには貿易活動が不可欠であるということを琉球人が自己認識していた点です。

一七二五年に清国が朝貢品の一部免除を命じましたが、琉球は抗って清国の命令を撤回させています。清国の華夷秩序の中で朝鮮に次ぐ第二位の地位を失うことなく、清国の手厚い頒賜品を減少させないことが抵抗の理由でした。その後も、同様の理由から清国の朝貢品免除の命令を拒否しています。

資源のない島嶼国家が中国型華夷秩序の上位に位置し続けるには、執拗に進貢貿易をする必要がありました。貿易を通じて礼を尽くせば、その中で高い位置につくことができる点が、近代世界システムにおける階層形成過程とは大きく異なっています。近代世界システムでは経済力と軍事力に応じて中核国のヘゲモニーは移動しました。他方、中国型華夷秩序では、中国という膨大な物産や資源の供給力と、市場として需要力を持つ「中心」への精神的、物的な忠誠の度合いに応じて世界秩序が形成されました。

なお、航海にあたっては、士族以外の者でも進貢船に乗船することができ、航海中での活躍次第で士族に昇進した者もいました。

明・清代における琉球からの進貢船総数は約八五〇隻、乗船者総数は約九万五千人にのぼるとの推計があります。日本、朝鮮、東南アジアへの航海者を含めると、その数はさらに増えます。座間味《ざまみ》諸島の人々も進貢船に船乗りとして乗船しており、王国内の様々な島人が貿易活動に関わっていました。

乗船者には、それぞれの位階に応じて諸士免銀と呼ばれる個人処分銀が与えられ、それによって中国物産を購入していました。一七五六年において諸士免銀は、全渡唐銀三〇二貫の内七〇貫を占めています。進貢船の内部には、船間と称される個人処分物を収納する部屋もありました。

一九世紀になると、琉球からの輸出品はその約九割が海産物で構成されていました。乗船者が個人的に、アイヌモシリ（北海道）からもたらされた昆布や、国内の鮑、鰹節、スクガラス（塩漬けされたキビナゴ）、角俣（海草）、干イカ、干タコ等の海産物を持ち込むことも許されていました。琉球王国の財政は帳簿上、薩摩藩への借銀で赤字が計上されていましたが、乗組員は貿易を通じて個人的な利益を得ていました。

古琉球時代、東南アジアとの貿易で潤った琉球でしたが、一六世紀に入るとその貿易拠点をポルトガルに奪われることになります。一五一一年、ポルトガルはマラッカを占領し、一五四〇年代に寧波《にんぽー》、一五五〇年代に澳門《マカオ》を拠点として、東南アジアの物産を中国や日本にもたらすようになりました。そして、一六世紀初期以降になると、広東や福建の中国人が、一五三〇年代からは日本の商船も東南アジア地域との貿易活動に参入します。こうして、ポルトガルの東南アジア進出にともない、琉球はマラッカやその他の貿易根拠地から撤退することになりました。『歴代宝案』上に記された東南アジアとの貿易記録は、一五七〇年を最後に消えます。

王国の暗転

一六〇六年、島津忠恒（後に家久に改名）は伏見城で徳川家康に会い、琉球侵略を許されました。つまり薩摩藩の琉球侵略は一藩だけの行為ではなく、日本の最高権力による了解の下になされたわけです。

この琉球侵略の背景には、鎖国政策をとりながらも明との交易による利も欲しいという徳川幕府の思惑がありました。

一六〇二年、仙台藩領内に漂着した琉球船の乗組員を翌年琉球に送還したことを口実として、幕府は琉球王府に日明交易の仲介および家康への謝恩使派遣を要求しました。しかし、三司官（王府最高の役職）の一人で反日政策をとる謝名《じゃな》親方《おやかた》利山《りざん》（中国名：鄭迵《ていどう》）の主導により、王府は薩摩藩を介した幕府の要求を無視し続けます。

そして一六〇九年、薩摩藩の兵約三千と約一〇〇艘の軍船が琉球の島々を襲いました。外交を基本とした対外戦略をとる琉球王国と好戦的で鍛え抜かれた軍を持つ薩摩藩とでは、端からまともな戦争にはなりませんでした。

降伏後、尚寧王は二年間日本に抑留され、島津忠恒とともに徳川家康や秀忠と面会させられます。島津氏は家康から琉球を与えられ、奄美諸島を直轄領にし、琉球から年貢を搾取する許可を得ました。国王をはじめとする王府幹部は「薩摩の琉球征討は、琉球が島津氏への義務を怠ったことに対する懲罰であった。琉球はいったん滅んだが、島津氏の温情により沖縄諸島以南を知行地として与えられた。この御恩は子々孫々まで忘れません」といった内容の屈辱的な起請文の提出を強制されました。謝名親方利山は長崎に来航した中国船に救援を要請しますが不調に終わります。そして、謝名は起請文を書くことを拒否したために斬首されました。

以後、琉球王は代々、使節を江戸に派遣する義務を負い、琉球の貿易利権は実質的に薩摩藩が握るようになります。また、王府の三司官の任命にあたっては、親方部の中で互選した人物を薩摩藩が最終的に決定するというかたちになりました。国王、摂政、三司官は薩摩藩に忠誠を誓う起請文の提出が義務付けられます。起請文は中国への進貢使や宗門改めをする役人にも求められました。薩摩藩による間接統治の始まりです。

なお、余談ではありますが、清の時代に入ると薩摩藩は琉球の朝貢貿易を隠れ蓑にした密貿易を盛んに行うようになります。こうして蓄えられた財と共に琉球列島から搾取した利益をもとに、薩摩藩は後に討幕を主導するまでの国力をつけていったと思われます。

王国再建

侵略によって、様々な負荷を強いられた琉球王国ですが、年月が経つにつれ政治経済において独自性を示し始めます。一六二四年、国王が三司官以下の役人の扶持給与権、裁判権、祭祀権を取り戻します。さらに、一六五七年、三司官が王府役人の官位昇進決定権、訴訟の裁定権、地頭の任免権、扶持給与権を回復しました。

薩摩藩の統治は、ある意味で杜撰なものでした。一例をあげれば、一六七二年の時点で中国に渡る銀、中国物産の数量を正確に把握していませんでした。また、幕末にイギリス人と琉球人女性との間に問題が生じた際の逮捕権、処罰権は琉球にいた薩摩藩役人ではなく王府側にあり、王府はイギリス人に死刑の判決を下しました。イギリス側はイギリス人と琉球人女性を救うためにあらゆる手段を尽くしましたが成功しませんでした。そもそも、琉球にいた少数の薩摩藩役人によって琉球を完全に管理するのは不可能だったのです。

さて、一六六五年に羽地朝秀《はねじちょうしゅう》が摂政に就くと、王国再建のために矢継ぎ早に改革が行われます。王府の機構改革、琉球正史『中山世鑑』の編纂を行い、間切《まぎり》と呼ばれる行政区の再編成によって地方改革を実施します。そして、一七一一年、尚敬《しょうけい》が第一二代国王として即位すると、王国全体を指導する役職として新設された国師に蔡温《さいおん》が任命されます。蔡温は羽地の政策を受け継ぎ、様々な改革を断行します。治水灌漑によって河川を改修し農業生産を向上させ、検地によって耕地の測量調査を実施しました。また、山林改革、財政再建にも取り組んでいます。

羽地、蔡温は、徹底した現実主義者で、極めて優秀な政治家でした。彼らは基本的に親日政策をとりましたが、その理由の一つは、当時の日本が世界有数の貴金属輸出国だったことにあります。近世になると、中国に持ち込む商品として東南アジアの物産に代わって、日本の銅や銀、琉球の土夏布、芭蕉布、土絲布、土白綿、紅花、土扇等が登場しました。

ところで、一七一九年に新井白石は『南島志』を著しています。白石は、実際に琉球人と対話して「南倭(琉球)」に日本の古俗が残っていると考え、琉球王から幕府に対する書簡を漢文からひらがな書きに改めさせました。これは白石の同国意識から出たものでしょう。しかし、その一方で白石は琉球異国化の措置もとり、琉球使節の役職名を日本名から漢名に変更させています。この白石の相矛盾する行動は、日本型華夷秩序における琉球の特殊なポジションを明らかにしています。すなわち、琉球を日本の統治下におくために、琉球と日本の文化的同一性を強調するとともに、日本型華夷秩序を形成する異国として琉球を位置付ける必要があったのです。

近世に入ってもなお、琉球は中国から文化的影響を受け続けていました。一七世紀には、中国から門中《もんちゅう》制度が導入されています。門中とは父系出自集団であり、現在でも琉球における主流の家族制度となっていて、門中単位でシーミー(清明祭)が挙行されています。また、羽地の時代に系図座という部署が王府に設置され、家譜(門中の系図)が編纂されました。一七〇〇年前後には、国家儀礼を土着の王廟祭祀から中国的な宗廟祭祀に変えるとともに、儒教倫理を強調する政策を進めました。また中国のジャンク船をモデルにしたマーラン(馬艦)船を普及させます。

なお、近世琉球において特筆すべきは、人口の増大です。一六〇九年の人口は約一〇万人でしたが、百年後には約一八万人に、そして一八七九年には約三二万人と三倍に増大しています。これは、明・清等から生産性向上に役立った技術体系、物産、諸制度が導入され、社会経済的な発展が進んだためでしょう。

このように、近世琉球は薩摩藩の支配下にあったにも関わらず、社会は停滞することなく自立的な国家運営が行われていました。しかし、こうした琉球国を日本は一八七九年に併合します。

以上、琉球の先史時代と琉球王国時代について簡単に述べてきましたが、琉球とは確かに固有の歴史を持つひとつの民族国家であったということがおわかりいただけたと思います。

第二章　植民地となった近代琉球

琉球併合

日本の多くの教科書では、琉球王国が消滅して沖縄県が誕生した過程を「琉球処分」と記述されています。一般に、「処分」という表現は瑕疵を有するある対象に対して実行する措置といったニュアンスがあります。しかし、琉球に関しては、独立国であるにも関わらず日本政府の一方的な命令に従わないことを処罰の理由として、軍事力を背景に強制的に王国が廃され、国王が廃位させられたのです。琉球処分ではなく、琉球併合と言い換えるべきでしょう。

琉球併合は、一八七二年から開始されます。同年、琉球使節が明治政府樹立の祝賀式に参列した際に、琉球藩の設置が一方的に言いわたされました。続いて、琉球藩は外務省の管轄となり、現地に外務省出張所が置かれました。そして同年から、薩摩藩に代わって日本政府による間接統治が始まります。

当初、出張所は次の施策を実施しようとしました。

① 日本国の国旗を久米島、宮古島、石垣島、西表島、与那国島で掲揚させる。
② 日本政府の刑法に基づいて裁判を行わせる。
③ 王府が欧米諸国と結んだ条約書を提出させる。
④ 王府の最高官職である摂政や三司官を明治政府が任命できるように調整する。

当然のことながら、王府は抵抗を試みます。

前記の要求のうち、②は実施されず、④に関しては一八七七年になって初めて任命権が行使されました。

ところで、当時の琉球王国はオランダ、フランス、アメリカと修好条約を締結していました。琉球と欧米との関わりは、まず一八四四年、中継基地として利用するためフランスが琉球王国に開国を要求したことから始まります。

一八五三年、アメリカのペリー提督は日本に向かう途中、琉球に許可なく上陸し首里城に入城します。そして、琉球国王に大統領の親書を渡し、翌年修好条約を結びます。

当時、欧米によってアジア諸国に対して強いられたこうした条約は、もちろん不平等条約でした。しかし、ここで指摘しておきたい点は、当時の琉球王国を日本政府が琉球藩としたにも関わらず、欧米諸国からはひとつの国家として認識されていたということです。

一八七四年、琉球藩の管轄は外務省から内務省に移り、内務省出張所が設置されました。翌年五月、松田道之・内務大丞は首里城で次の命令を下しました。

①清国との朝貢冊封関係の停止。
②日本の府県制度にならった琉球の制度改正。
③日本軍基地の設置。
④新制度研修のために若手官吏の日本派遣。
⑤明治政府が制定した法律の遵守。

この時も王府は日本に全面服従はせず、④のみを受け入れ、その他の事項は拒否しました。一八七五年七月、松田は首里城正殿において今帰仁《なきじん》王子朝敷《ちょうしき》（唐名：尚弼《しょうひつ》）に次の内容の達書を手交します。

①清国への進貢、皇帝即位のための慶賀使派遣の禁止。
②清国からの冊封使受け入れ差し止め。
③明治年号を使い、年中儀礼に関して日本政府の布告を遵守する。
④刑法施行のために担当者二、三人の上京。
⑤学事修業・事情通知を目的とした少壮者一〇人程度の上京。

⑥　福州琉球館の廃止。
⑦　台湾出兵の謝恩として国王の上京。
⑧　日本軍基地の設置。

琉球は④、⑤を受け入れましたが、その他は拒否しています。

ちなみに、王府は一八七二年、七四年に進貢使節団を清国に派遣しています。それは日本の琉球支配を認めず、独自な国として存続していこうとする国家の意志を示す行為でした。島津侵略以来、薩摩藩と清国の間で琉球の帰属についての合意はなされていませんでした。琉球王国は清国との冊封関係の持続を望んでいて、当然のことながら清国も琉球に対清関係を断絶させようとする日本の政策に対して抗議を行っています。

いずれにせよ、当時の琉球国には、独立を維持するために伝統的な友好国であり大国でもあった清国を頼りたいという事情がありました。

一八七九年、松田は「第二回奉使琉球復命書」を太政大臣三条実美に提出し、「廃藩処分」の実施を訴えます。琉球処分官として、松田は主導的に琉球廃国を進めていました。ともあれ、日本政府は訴えを了承し、松田を中心とした随行員九人、警視補・警部・巡査一六〇余名、分遣隊三〇〇余名を琉球に送ります。

三月二七日、首里城において松田は武力を背景にして「首里城明け渡し」「藩王上京」「土地人民及び官簿、その他の引き渡し」を命じました。続いて三月二九日、国王が首里城を退去します。そして四月四日、遂に琉球王国は廃国され沖縄県となり、内務省出張所は県庁の仮事務所となります。県庁内には警察本部と裁判係が置かれ、併合に抵抗する琉球人は逮捕され拷問を受けました。日本政府が設置した沖縄県庁とは、実のところ「植民地統治府」でしかなかったのです。

なお、尚泰王は東京に強制連行され、亡くなるまでその地で日本政府の監視下に置かれることになります。

こうして、まがりなりにも外交権、内政権を有する国家として存続していた琉球王国は、軍隊を用いた日本政府によってここに滅亡しました。数百年の歴史を有する琉球王国は、日本の侵略により併合というかたちをとってその植民地となったのです。

ただ、その間にも琉球は手を拱いていたわけではなく、松田道之が来琉した頃から日清戦争の前後にかけ、士族層を中心とした組織的な抵抗運動として日清両政府や外国領事への嘆願、政治亡命等が展開されました。

王府の官僚で福建の琉球館を拠点に反日活動をしていた幸地《こうち》朝常《ちょうじょう》（中国名：向徳宏）は、一八七九年に直隷総督兼北洋大臣、李鴻章に嘆願書を提出しています。嘆願書には「死を賭して琉球王国を復興させる」という決意と、日本国の一部となることへの強い抵抗の意志が記されていました。

こうした抵抗運動に対し、日本政府は琉球人の救国活動を国事犯として法的に処罰する方針を明らかにしました。

幸地のように清国で活動していた琉球亡命者を監視するため、日本政府は琉球の港に警察を派遣して清国への渡航を監視しました。また、軍艦・日進丸を福州近海に巡航させ、琉球人の清国への入国を阻止しようとしました。さらに、清国内の日本の公使館や領事館を通じて、清国人スパイを琉球亡命者の居留地に送り込んでいます。

また、尚泰王（一八四三年〜一九〇一年）も約四〇人の家臣を清国に送り、日本による併合を阻止しようとしましたが、欧米諸国の植民地争奪競争にさらされていた当時の清国には、琉球を支援する余裕は既にありませんでした。

ところで、琉球王国をめぐって、日本と清国の間に対立があったことは既に述べた通りです。そうした中、清国はアメリカの前大統領グラントに調停を依頼します。

そして、グラントの調停のもと、一八八〇年、北京において日本から「分島改約案」が清国に対して提案されます。この分島改約案とは、沖縄諸島以北を日本領とし、宮古・八重山諸島を中国領とするというものです。元来、清国の方針は琉球王国との朝貢冊封関係の維持を前提に、宮古、八重山を琉球に返還した上で王国を存続させるというものでしたが、交渉の流れの中で、奄美諸島以北を日本領とし、沖縄島に王国を復活させ、宮古・八重山諸島を清国領とするという琉球三分割案を提示します。しかし、結局清国は日本案に妥協し、一度は署名の段階に至りました。

なお、日本政府は琉球分割案とともに、一八七一年に締結された日清修好条規に清国内での通商や最恵国待遇を認める条文を追加することを求めています。

日本の琉球分割案の背景には、自国の清国内での経済的利益を確保するために、尖閣諸島を含む琉球の一部を清国に割譲してもかまわないという思惑があったわけです。

しかし、当然のことながら、当事者を無視したこの分割案に琉球人は激しく反発します。幸地と同様に琉球救国運動に挺身した活動家の一人である林世功《りんせいこう》は、琉球の分島改約案に反対し、清国内で抗議の自殺をしました。

また、琉球の清国政府当局への請願書には、奄美諸島から宮古・八重山諸島にいたる琉球列島全体を琉球国固有の領土と主張し、琉球分割案を認めないということが記されていました。さらに、林の抗議の自殺と前後して、清国内でも李鴻章等の調印回避派や延長派が大勢を占めたため、条約案に調印することなく宮古・八重山諸島の分島はかろうじて回避されました。

前述したような対外的王国復興運動が展開されただけでなく、琉球内でも日本政府の命令に従わないという不服従運動が発生しました。琉球処分官や県令心得の命令に対して、王府役人は役所に一切出仕せず、租税徴収書類の提出を拒否し、島々の各役所を閉鎖するなどして拒否の姿勢をみせました。そして、日本政府に従わないことを明記した血判誓約書運動が全琉球的に行われました。

そうした中、宮古島荷川取《にかわどり》村で書かれた血判誓約書の内容で興味深いのは、宮古島と琉球王府との関係を朝貢関係であるとし、琉球王国の恩恵を被っているが故に日本政府には従わないと誓っていることです。琉球が日本に併合される過程で、日本に抵抗する琉球ナショナリズムが形成されていたことがわかります。

一八七九年、宮古島では「サンシイ事件」が発生しました。サンシイとは「賛成」を意味していますが、事件の概要は次のようなものです。

下里村に警視派出所で通訳兼小使として働いていた下地利社《しもじりしゃ》という人物がいましたが、多くの役人が不服従運動に関わっていた中、彼は日本支配に対する賛成派でした。そのため、下地は服従派として島民から監視されていましたが、彼が女性を暴行しようとしたという噂が広まり、島民が彼を役所から引き摺りだして殺害したという事件です。

しかし、この事件を契機として、沖縄県は県政へのボイコットを続ける士族の取り締まりを強化します。王府や地方の役人百名以上が拘引され、両手を縛り柱に吊るされ木で殴打されました。その結果、八重山諸島では島の役人が「天皇陛下に忠誠をつくす」という旨の誓約書の提出を強要されました。そして一八七九年九月、浦添親方朝昭《うらそえおやかたちょうしょう》、富川親方盛奎《とみかわおやかたせいけい》が王府、地方役人の釈放と引き換えに、県政への恭順を表明する嘆願書を出すことになります。

台湾出兵

ところで、併合に至る過程の中で起きた大きなトピックとしてあげられるのが「台湾出兵」です。この派兵は、後の台湾併合の契機となるとともに、間接的ではありますが琉球併合に大きな影響を及ぼしました。

一八七一年、宮古島島民六六人が台湾に漂着し、五四人が原住民によって虐殺されるという事件が発生します（一二人は清国の台湾府によって保護され宮古島に送還された）。日本政府はこの事件を奇禍として清国に賠償を要求しますが、その根拠としたのは琉球人が虐殺されたということにありました。しかし、この時点での琉球王国は日本の管理下にあったとはいえひとつの国として存在し、琉球人は日本人ではなかったのです。また、琉球王国を日本領と認めていた国は、清国はもちろんのこと欧米諸国をはじめどこにも存在していませんでした。つまり、日本には併合を睨んで暗黙の裡に琉球を日本の準領土として諸外国に認めさせたいという意図があったわけです。そして、この目論見は結果的に成功します。

日本の賠償請求に対して、清国は当初、原住民を「化外の民」であり管轄外であるとしてこれを拒否します。すると、日本はそれを待っていたかのように、一八七四年、琉球人虐殺を名目に台湾に出兵しました。もっとも、この派兵には明治政権内部でも対立があったようです。対外拡張（侵略）政策を基本方針としながらも、その時期をめぐっての対立でした。大久保利通を中心とする主流派は、時期尚早と判断していましたが、西郷従道の独断によって派兵が行われ、結局政府はそれを追認するというかたちとなりました。この派兵の背景には、当面の侵略対象として朝鮮と台湾を標的にしていたことに加えて、維新によって利権を奪われた九州を中心とする士族たちの不満を吸収しなければならないという事情がありました。

ともあれ、紆余曲折を経て、一八七五年には日清間に和解が成立します。そして、日清両国の全権は、北京において次のような内容の「日清両国間互換条款」に調印しました。

① 遭難者は「日本国属民等」と明記する。

②　日本国の出兵目的は自国民保護であり、清国もそれに同意する。
③　清国は撫恤銀（見舞金）一〇万両と戦費賠償金四〇万両を払う。

日本の台湾出兵に対するこうした清国の妥協は、琉球王国の存続に暗い影を落としました。すなわち、清国がこの互換条款を受け入れたことにより、国際社会に琉球の日本帰属を何となく認めるという流れができたのです。

台湾派兵は、小規模ながらも維新後の日本による最初の表だった対外侵略ということができます（琉球王国の実態は侵略下にあったといえなくもないですが）。この派兵を皮切りに、琉球併合、台湾併合、朝鮮併合、と日本の侵略は続きます。そして、遅れてやって来た帝国主義国である日本は以後、「富国強兵」の旗の下、中国大陸、東南アジア、太平洋諸島と、侵略に猛進していくことになります。

台湾出兵中に琉球は既述した通り内務省管轄となります。交渉の全権として北京に赴いていた大久保利通は日本に帰国した直後、「琉球は日本の版図であり、清国との関係を絶たせるべきである」との伺書を正院に提出して了承されました。

琉球にとっての悲劇は、頼りとした清国に昔日の威光は見る影もなく、西欧列強の侵略、そして日本の野心から自らを防衛するだけで精一杯の状況であったことにあります。また、欧米諸国は自らの植民地戦略に余念がなく、小国であった琉球の運命には概して冷淡でした。無理が通り道理が引っ込む、そのような時代でした。

余談ではありますが、パックスアメリカーナというパラダイムが崩れた現在、日本人にとっても当時琉球の置かれた状況が少しは理解できるのではないでしょうか。

ところで、フランスからの独立運動に従事していたベトナムのファン・ボイ・チャウは、次のように琉球の亡国について記しています。

「その頃（一九〇四年）、私の文名は国都ユエにおいて広く知られて居り、諸大家で、私の門下に教えを受けんと望んで居る者が多いという有様だったので、私はすなわち一書を著わし『琉球血涙新書』と題し、それによって社稷滅亡の惨状と、降伏の国王が奴僕となるの奇辱とを述べて、よろしく民智を啓き、民気を涵養して、滅亡を救い恥をそそぐの基とせねばならぬと、説くこと万余言、これを携えて諸大官に見えました。（中略）『血涙新書』を出したために、これを読んでユエ城中に身を隠して居った幾人かの志士が、皆私のもとへその肝胆を披瀝し来ったような次第で、潘周木貞《ファンチューチン》君・陳季哈《チャンワイカップ》君たちのように、他日愛国のために死刑に処せられた人々も、すでにこの時分に私と深く契ったのであって、つまり『血涙新書』がその仲立ちであった訳です」（ファン・ボイ・チャウ、長岡新次郎他編『ヴェトナム亡国史』平凡社）

ファン・ボイ・チャウは、琉球をベトナムと同じ状況にある植民地であると認識していました。一八八五年に清仏戦争が終わり、清国は朝貢国であったベトナムに対する宗主権を放棄しました。一八八六年、かつての朝貢国、ビルマに対するイギリスの支配を、一八八七年にはアモイに対するポルトガルの支配を清国は認めました。琉球が日本に併合された時期、清国の朝貢国は次々と西洋列強の植民地になっていきます。アジアにおける帝国主義史の流れの中に琉球併合があったことがわかります。

琉球同化政策

日本政府は琉球併合の翌年、県庁学務課内に「会話伝習所」を設置します。そこで新しい学校教育のための通訳や日本語が話せる小学校教員を養成する目的で、日本語をはじめ小学校で必要な教科の授業が行われました。沖縄県学務課は、日本語と首里語の対訳を併記した「沖縄対話」を編纂し教科書としました。会話伝習所はその後、師範学校になります。日本政府は琉球併合直後、異民族の言葉を抹殺して日本語を普及させる教育機関を設置し、日本への同化を進める教員養成に力を入れました。琉球人は、日本政府が設置した学校で「大和学問」が植え付けられると考え、日本の学校を「大和屋」と呼んでいました。

戦前の日本では、他の植民地である朝鮮や台湾には大学が設置されましたが、琉球には大学だけでなく高等学校、専門学校さえありませんでした。長い歴史と豊かな文化を有する琉球人にとって、朝鮮や台湾以下とみなされているとしか思えない日本の教育政策は、屈辱以外の何ものでもありませんでした。

一八九四年、県立尋常中学校の児玉喜八校長は、英語科を随意科目として琉球人に対する英語教育の必要性を認めなかったことから、その翌年、生徒たちは校長排斥のストライキを起こします。その学生の中には、伊波普猷《いはふゆう》がいました。伊波は退学処分になった後、上京して東京大学を卒業し、琉球の歴史文化的な独自性を学術的に深め「沖縄学の父」と呼ばれ、琉球人から尊敬される人物になったことは広く知られています。

一九三九年になって、高等教育機関設置の要求決議案が沖縄県会で満場一致で可決され、県会代表がその設置を日本政府に求めました。しかし、決議案は認められず、戦後になって米軍政府が琉球大学を設立するまで、琉球では高等教育機関が置かれないという差別的な教育政策が続きました。

話は少しそれますが、日清戦争中、清国の南洋艦隊が琉球を攻撃するとの情報が流れると、熊本鎮台沖縄分遣隊を援護する義勇団が中学や師範学校で組織されます。熊本鎮台沖縄分遣隊の指揮下で軍事行動ができるように、生徒たちは実弾射撃演習を含めた野外演習を強いられました。他方、寄留商人（日本から移住した日本人商人）や官吏は武装集団である同盟義会を組織し、清国軍艦の来琉と琉球人の王国復興闘争に備えて武闘訓練をしています。このように、教育機関や経済的支配者がそのまま、武力を有する社会的な抑圧者としての機能を果たしていたのです。

琉球に対する差別的教育政策は、二〇世紀になっても続きました。

一九一四年、大味久五郎知事が「琉球人に高等教育はいらない」と発言し、第二中学校（二中）の廃校を提案します。生徒、父兄、学校当局の激しい反対運動で、大味知事は廃校案を取り下げたものの、名護と普天間にあった農学校を合併し、その規模を縮小して二中と統合させました。二中の校長や教頭は農学校の校長と教頭が兼任し、農学校生徒が全生徒の三分の二を占めていました。

こうした状況に対し、二中生徒は一九一六年に農学校寄宿舎や校長官舎を襲撃して全生徒が同盟休校を決行します。さらに、生徒達は連判状をつくって抗議行動の貫徹を誓い、県会議員や新聞社等への嘆願運動を展開しました。同年、大味知事は琉球を去り、生徒達の無期停学処分も解かれます。

同化政策といえば、淵上房太郎知事（一九三八年から四一年まで在職）が主導した「標準語励行県民運動」の展開もそのひとつです。いうまでもなく、言葉は民族固有の文化の中核をなすものです。琉球諸語の消滅は、そのまま琉球文化の消滅を意味しています。植民地下の朝鮮や台湾でもそうでしたが、ある民族の言葉を政策的に消滅させようとする行為は蛮行という他ありません。

一九四〇年に始まった「沖縄方言論争」で沖縄県学務課は「方言」の撲滅を主張します。それに対して、柳宗悦らの日本民芸協会同人は琉球諸語の保護を求めました。そして、当時の沖縄県立博物館館長であった島袋全発《しまぶくろぜんぱつ》が柳の主張に同調します。そのため、淵上知事は島袋の職を解任しました。その他、川平朝令《かびらちょうれい》も沖縄県学務課の「方言」撲滅政策に反対したがゆえに、第一高等女学校校長の退職を余儀なくされました。

淵上知事は、国民的一致のために「沖縄の地方的特色は、いっさい抹殺されねばならない」と語っています。さらに、琉球の「方言」を廃止し標準語に改めない限り「沖縄のような弊県」の振興はあり得ない、徴兵検査の時に正しく言葉の使えない者がいて笑い話になっており他県と同一にみては困る、とまで述べています。

ちなみに、日本の琉球同化政策は言葉だけにとどまりませんでした。大正中期頃からは改姓運動が活発になります。一九三六年に沖縄教育会は「姓の呼称に関する審査委員会」を設置して、翌年には八四の読み替えるべき姓を公表しました。

琉球に対する差別

一方、行政に目を向けると、その機構の中枢部を他府県人が占めることによって琉球の日本化が進んだのに対し、一九〇三年まで土地制度や税制等の法制度は王国時代の制度のままとする旧慣温存政策が実施されています。領土や領海の取得が、琉球支配の最大の目的であったために、日本政府は琉球の行政機構改革には無関心でした。したがって、島内の経済開発や近代的な制度の推進は副次的な位置付けとなり、県知事もお飾り的な人物が配置されました。要するに、旧慣温存政策とは琉球を日本の「辺境」に留めておく政策でしかなかったのです。

日本政府による近代琉球に対する経済政策は破綻したため、多くの琉球人が島を離れ国内外に生活の場を求めました。後述する謝花昇《じゃはなのぼる》とともに『沖縄倶楽部』の活動を行った当山久三《とうやまきゅうぞう》は、一八九九年に初めてハワイに琉球人移民を送りました。その後、ペルー、ブラジル、アルゼンチン、フィリピン、シンガポール、ミクロネシア諸島等、アジア太平洋の国や植民地に琉球人は移住しています。また、日本国内でも神奈川の鶴見区、大阪の大正区、兵庫の尼崎市等の工場地帯に多くの琉球人が移住しました。特に一九二〇年代には世界的に砂糖価格が暴落し、サトウキビ栽培を主要産業としていた琉球の農村はその影響を直接受けて疲弊しました。当時の島民は飢餓に苦しみ、有毒植物であるソテツを食べるしかなかったと記録されています。「ソテツ地獄」と呼ばれるこの時代には、琉球人移民が増加しました。一九二九年には、年間約四千人が島を離れています。同年における国内外の移住者からの送金は、約一九八万円に達しましたが、それは県歳入額の実に六六%を占めていました。また、日本への移民数も、ソテツ地獄の時期には年間約二万人の規模に達していました。しかし、同じ労働をしても日本人と、琉球人や朝鮮人との間には賃金格差があったことはあまり知られていない事実です。また、求職、居住、飲食に関して「琉球人お断り」と拒否されるといった差別もありました。

琉球人差別に関していえば、それを象徴するのが「人類館事件」です。一九〇三年の第五回内国勧業博覧会が大阪の天王寺で開催された際にその事件は発生しました。

会場内の「学術人類館」においてアイヌ民族、台湾原住民、琉球人、朝鮮人、中国人、インド人、ジャワ人、トルコ人、アフリカ人等、蠟人形ではなく生きた人間が見せ物として展示されたのです。琉球の地元紙の論調は、「琉球人は立派な日本国臣民であり、これらの人々と同列に置かれるのは心外である」という内容でした。実に悲惨な論調です。

日本に同化すれば日本人による差別が避けられると考える琉球人のこうした心性は、河上肇舌禍事件でもみられました。

一九一一年四月三日、河上肇京都帝国大学助教授は、琉球において次のような内容の講演をしています。

「沖縄県人は忠君愛国の思想に乏しいといわれている。しかし嘆いてはならない。かえって私は沖縄県人に大いに期待する。キリストがユダヤに生まれ、釈迦がインドに生まれたように、世界の偉人は亡国に生まれるものである。沖縄では忠君愛国の思想が薄弱でも、将来、新時代を背負う偉大な人間が沖縄県人の中から出ることを期待する」

しかし地元紙は、「忠君愛国の琉球人を侮辱するものだ」として河上の講演を批判し、琉球から追い出しました。批判の的が外れているとしかいえない悲喜劇です。

中国では、一九一一年の武昌起義から一二年にかけて辛亥革命が起こり、清朝が倒れて中華民国が成立しました。しかし琉球では、かつて清朝に対して琉球救国を求めたように、辛亥革命と呼応して日本からの独立を求める民族運動は発生しませんでした。いまにして思えば、この時が琉球独立の最初のチャンスであったといえます。しかし現実には、日本への同化政策によって従属度はますます深まっていきます。その結果、太平洋戦争において捨て石として使い捨てられるという悲劇を招くことになります。

経済的植民地化

日本にとって琉球には、「本土防衛のための前哨基地」、「経済的搾取の対象」という二つの側面がありました。前者については、後述する沖縄戦の実態、そして戦後における米軍基地の存在という極めてわかりやすいかたちで機能します。後者についていえば、植民地獲得の一般的かつ本来的目的であり、欧米の植民地経営と比べるとスケールは小さいとはいえ、当然のことながら日本政府も琉球の経済支配を進めます。そして、その構造はかたちを変えながら現在にまで続くことになります。

ここでは、当時の琉球における経済支配の事例をいくつか述べておきます。

一八七〇年、薩摩藩の探検家である林太助が西表島に炭鉱が存在することを聞きつけたことから、薩摩藩は西表炭層調査に乗り出しました。そして、一八八五年から三井物産が本格的な採炭事業を開始しますが、その他に大倉組等の政商や尚家（旧琉球王家）等が採炭事業に乗り出しました。採掘された石炭の輸出先は、福建、アモイ、香港等でした。当初、炭鉱労働者として働いたのは琉球内の囚人たちでした。

一八八六年、内務大臣山県有朋が三井物産の益田孝社長の案内で西表炭鉱とともに、軍港に最適とされた西表島西部にある船浮《ふなうき》港を視察しています。山県は、明治政府に対し宮古・八重山諸島の軍備増強を求める復命書を提出しました。前述した本土防衛機能を設計するということです。その後、太平洋戦争が始まると、東南アジアから石油等のエネルギー資源を運ぶ艦船が停泊する港の守備および敵国への攻撃拠点として、船浮に日本軍要塞が建設されました。このように、大日本帝国の形成過程と琉球の開発や軍事基地化は結びついていて、琉球は大日本帝国にとって戦略的な島としての性格を帯びるようになっていきます。

ただ、西表島はマラリア有病地域でもあったことから、炭鉱事業はマラリア流行によって中止を余儀なくされたこともありました。

ちなみに、日本から集められた坑夫は、その大半が船賃、食費、衣服代、斡旋料などの借金を背負って西表島にやってきた人々でした。そして、飲食費、坑内で使用する道具代、薬代等が賃金から差し引かれたことから、働けば働くほど借金が増えたというのが実態でした。炭鉱には納屋制度があり、納屋頭（親方）が坑夫の雇用、作業割り当て、現場監督、賃金給付、生活の管理等を行い、人繰りと呼ばれた坑夫の労務管理者がムチを手にして労働者を監視しました。過酷な労働や生活を苦にして、ダイナマイトで自爆死する労働者もいたといいます。

他の琉球の島々でも日本資本による経済支配が進みました。海外の植民地にあった砂糖プランテーションは、北大東島と南大東島でもみられます。玉置半右衛門《たまきはんうえもん》（一八三八年に八丈島で生まれ、一八八八年から始めた鳥島でのアホウドリの羽毛採取事業で財をなした。その財を元手にして一九〇〇年に八丈島等から移民を連れて南大東島で精糖業、北大東島で燐鉱採掘業そして後に製糖業を展開した）は、元々無人島であった両島を開拓して機械制製糖工場を設置しました。一九一六年、台湾に拠点をおく東洋製糖が玉置の製糖工場を買収しますが、その際に島の土地も東洋製糖の所有となりました。東洋製糖は、農家による自家製糖を禁止しました。そして、原料を確保するために、島全体の九〇％の耕地が砂糖黍生産に割り当てられ、その他の土地には芋を植えさせました。芋は豚や牛の飼育用であり、家畜で堆肥をまかなおうとしたわけです。

会社の農務担当員は作物の植え付け、成育状況を監視し、農業以外の仕事をする住民には割当地の削減をほのめかしました。また、すべての日用品は会社の売店で販売され、島内でのみ流通する貨幣が発行されました。さらに、会社は農家に生活費や原料費として資金を貸し付けましたが、多くの農家が返済できず借金を抱えていました。農家の子供は、尋常小学校高等科に進学すると会社に登録されました。それは子供が進学することによって島外に出るのを防ぐためであり、島外に出ると割当地が削減されました。割当地の削減は会社による前貸し金の減少につながり送金が続かず、結局は子供を島に戻すことになります。近代琉球の主要産業は製糖業であり、生産者として働いたのは琉球人農民でしたが、南北大東島だけでなく琉球全域で寄留商人の中間搾取が広く行われていました。

金融においても、日本資本が支配しました。第百五十二銀行、その後に第百四十七銀行という鹿児島の銀行が支店を開設しましたが、両銀行を利用した顧客の大半は寄留商人でした。これに対抗すべく、一八九九年に県や区町村の出資で主に琉球人の利用を目的とした農工銀行が誕生しますが、この農工銀行は一九二四年に日本勧業銀行に吸収合併されました。

その他、郵便汽船三菱会社、沖縄海運、共同運輸会社、日本郵船会社等が、琉球と日本、台湾等との間の海運事業を独占しました。また、一九一〇年には沖縄電気が設立され、琉球で電気事業が始まりますが、同社は寄留商人が中心になって設立された会社であり、役員、技術者はほとんど日本人でした。戦前の電気事業は宮古電灯を除いて、寄留商人が独占していました。

琉球における近代的土地制度は、一八九九年に開始され一九〇三年に終了した土地整理事業を通じて確立されました。王国時代の地割制度（土地の共有制）が廃止され、農民各自に土地所有権が与えられます。村単位ではなく土地所有者個人の納税制度が始まり、物納や人頭税が廃止され地価の二・五％を地租として払うことが義務付けられました。

近代的土地制度は、日本が後に取得した植民地である「南洋群島」(現在の北マリアナ諸島、パラオ、ミクロネシア連邦、マーシャル諸島）でも導入されました。その目的は島の経済的発展よりも、植民者の土地の保有と経済的進出を促すことにありました。それは琉球でも同じでした。

一八九二年から一九〇八年まで沖縄県の県令（知事）として在任し、「琉球王」と呼ばれた奈良原繁は、土地整理事業や杣山《そまやま》の払い下げ開拓を推し進めました。杣山とは王府の指導のもと、農民が共同で管理し利用した共有の山林のことです。奈良原は自らをはじめ県庁の役人、寄留商人、都市部の有力者に杣山の土地を優先的に払い下げました。

この奈良原の植民地主義的行政に抵抗したのは、東京大学を卒業し県庁で働いていた琉球人、謝花昇でした。謝花は『沖縄倶楽部』を結成して『沖縄時論』を発刊し、奈良原県政を批判しながら自由民権運動を展開しましたが、様々な弾圧を受けました。

余談ながら、奈良原は薩摩藩出身で公武合体派の一人であり、西郷隆盛と対立していました。いずれにせよ、薩摩藩統治時代の強権的な琉球支配方式を近代でも続けた人物といえます。

ところで、日本政府は一八八〇年に分島改約を清国に提案していますが、二〇世紀に入っても琉球を一方的に処分しようとしたことがあります。

一九〇八年に「南洋道の新設問題」を帝国議会の代議士が提起しましたが、この代議士を動かしたのは台湾総督府でした。台湾総督府は中央政府から関税納付を迫られますが、その不足分を沖縄県の収入で補塡しようと考えました。そして、帝国議会の代議士を使って南洋道庁を新設し、沖縄県を台湾総督府の直轄地にしようと画策したのです。しかし、琉球人の反対でこの案は立ち消えになりました。

近代琉球における日本政府の経済政策は次のような理由から破綻しました。まず挙げられるのが旧慣温存政策の実施です。先に指摘したように琉球で近代的な土地制度が導入されたのは一九〇三年になってからです。また宮古島の人々が直接、帝国議会に訴えて悪名高い人頭税が廃止されたのは一八九四年です。

琉球で最初の衆議院議員選挙が行なわれたのは一九一二年ですが、宮古・八重山諸島の人々に選挙権が認められたのはさらに遅れて一九一九年です。さらに全国と同じ府県制が導入されたのが一九二〇年、市町村制の導入は一九二一年です。琉球併合から四二年経ってやっと日本全国とほぼ同じ法制度が琉球に適用されたのです。

戦前、琉球を対象にした経済計画は一九一五年の「産業振興十年計画」、一九三三年の「沖縄県振興十五カ年計画」しかありませんでした。後者の経済計画は太平洋戦争によって途中で終了し、期待された経済発展をもたらすことはありませんでした。

戦前の琉球は、日本政府によって経済的に搾取されていました。例えば、一九二五年において琉球から日本政府への国税は約六三四万円でしたが、日本政府から琉球に支出されたのは約二二七万円でしかありません。琉球と同じ人口規模であった宮崎県、鳥取県に比較すると琉球の国税負担額は両県それぞれの二倍以上でした。

日本政府は旧王国の士族・貴族層の抵抗を防ぐために、王国時代の諸制度を併合後も続けました。しかし旧慣温存政策の本当の理由は、琉球の社会経済的な発展に対して日本政府は関心がなく、琉球人を他の日本国民と同等の人間とみなしていなかったことにあるのではないでしょうか。つまり日本政府にとっては領土の拡大という初期の目的を達成すればよかったのであり、統治費用はできるだけ安くおさめたいという本音が見え隠れします。

また日本政府は琉球の産業の多様化、近代化を図らず、サトウキビ農業に大きく依存させる経済構造を形成しました。そのために琉球はソテツ地獄に陥り、多くの琉球人が困窮し、島から離脱せざるを得なくなりました。世界的な不況という要因はあったものの、日本政府の不作為が島の経済破綻をもたらしたのです。

第三章　戦時下の琉球と米軍統治時代

沖縄戦

軍国主義体制による日本の対外拡張政策と、同化政策による琉球人の「忠君愛国」。その結合は、必然的に琉球のカタストロフィに向かっていきます。

昭和に入ってからの琉球は、目に見えるかたちの大きな犠牲を蒙ることになります。

太平洋戦争末期の沖縄戦では、総計二〇万六五六人が死亡しました。その内訳は、米軍人一万二五二〇人、琉球外出身日本兵六万五九〇八人、琉球一般住民が約九万四〇〇〇人、琉球出身軍人・軍属二万八二二八人となっています。当時の琉球の総人口は約四五万人。実にその約三分の一が死亡したことになります。

この戦闘による犠牲者率四〇％以上の市町村は、沖縄島中南部に集中していますが、これは日本軍がいた地域で犠牲が大きくなったことを意味しています。また、その地域では、軍人よりも民間人が圧倒的に多く死亡しています。つまり、日本軍は住民を守らなかったのです。

日本政府は「本土決戦」を少しでも遅らせるために、琉球で「捨て石作戦」を決行しました。琉球人を犠牲にして米軍からの攻撃をかわそうとしたわけです。

沖縄戦において、琉球人は米軍だけでなく日本軍によっても殺されています。

一九四五年四月九日に、次のような『球軍会報』が発令されています。

「爾今軍人軍属ヲ問ハズ標準語以外ノ使用ヲ禁ズ　沖縄語ヲ以テ談話シアル者ハ間諜トミナシ処分ス」

沖縄戦の当初から、琉球の言葉を話しただけでスパイと見なされ、処刑が行われていました。会報の文中では「沖縄語」という言葉が使われています。つまり琉球人を異民族として認識し、その言葉の使用を刑罰の対象にするといっているわけです。日本政府は、琉球併合直後から琉球人を同化するために日本語の使用を強要しましたが、それは戦時下でも変わりませんでした。そこでは処刑という手段を用いて、有無を言わさず琉球諸語と琉球人が殺されたということです。

琉球に対する同化と差別、この一見矛盾する概念は実のところ、根底でつながっています。それは、日本の国家エゴイズムです。

なお、琉球人が処刑の対象になったのは、琉球諸語を話した時だけではありません。一九四五年六月一五日、久米島部隊指揮官（鹿山隊）は具志川村仲里村の村長と警防団長に対して、敵の「宣伝ビラ（投降勧告ビラ）を「妄ニ之ヲ拾得私有シ居ル者ハ敵側『スパイ』ト看做シ銃殺ス」との「達」を出しました。実際、同年六月二六日、久米島郵便局の安里正二郎局員は、沖縄島が占拠されたことを知り、米軍の降伏勧告状を守備隊に届けた際、その場で処刑されました。そして、安里の妻は自殺しました。

また、米軍に捕らえられた後に釈放された住民九人は日本軍により射殺され、その死体は焼却処分されました。琉球人ではありませんが、戦前から久米島に住んでいた朝鮮人・谷川昇の一家七人は日本軍に殺害されました。大宜味《おおぎみ》村、今帰仁《なきじん》村等、他の場所でも日本軍による虐殺事件が発生しています。「スパイ処刑」を名目にして、実際は食料強奪が目的だったケースもありました。

郷土史家の島袋全発は、沖縄島北部に避難疎開した時、「英語」が話せるというだけで「スパイ容疑」をかけられ処刑される寸前だったことを述懐しています（屋嘉比収『「近代沖縄」の知識人：島袋全発の軌跡』吉川弘文館）。

また、日本軍は防諜対策として琉球人の協力者を養成し、琉球人同士を相互監視させ、「スパイ嫌疑」のある対象を告発させる体制をつくりました。

日本軍の『県民指導要綱』には、軍官民の共生共死政策という記述があります。これは国家機密を知る住民が米軍の捕虜になった時、機密漏洩を防ぐため住民に死を強要するというものです。

米軍の艦砲射撃や銃撃戦による流弾から身を守るために避難したガマ（洞穴）から、日本軍は戦闘の邪魔になるとして琉球人を追い出しました。砲弾や銃弾が飛び交う外に放り出されるということはそのまま死を意味し、ガマからの追い出しは琉球人虐殺の一形態であるといえるでしょう。さらに、ガマ内で泣き叫ぶ乳幼児を日本軍が殺害したという記録も残っています。

戦闘の巻き添え以外での琉球人の死傷は、まだあります。日本軍の命令や誘導で死亡した住民は慶良間《けらま》諸島の中の渡嘉敷《とかしき》島で三〇〇人余、座間味《ざまみ》島で一三五人、慶留間《げるま》島で数十人、屋嘉比《やかび》島で約一〇人にのぼります。他にも伊江《いえ》島で二〇〇人以上、読谷《よみたん》村では約一三〇人の住民が犠牲になるなど、島内各他で集団強制死が行われました。また、手榴弾、カミソリ、鎌、包丁等を用いて家族同士で互いに殺し合うということが日本軍によって強要されたこともあります（琉球新報社編『沖縄戦新聞：沖縄戦60年当時の状況をいまの情報、視点で』琉球新報社）。

こうした集団強制死を生み出した背景には、戦前の皇民化教育や差別を恐れた琉球人の同化志向が一つの要因でもありました。

ところで、集団強制死に対する琉球人の抗議は現在も続いています。沖縄戦に関係する教科書検定事件は一九八二年（第一次）、一九八三年（第二次）、二〇〇七年（第三次）に発生しました。第一次教科書検定事件では、教科書から日本軍の琉球人虐殺に関する記述が削除され、第二次では琉球人虐殺の記述の前に「集団自決」を書き加えるようにとの修正意見が日本政府から出されました。さらに、第三次の修正意見では「集団自決」の記述の中の日本軍関与という部分が削除されました。この措置に対して、琉球各自治体の議会は、日本政府の歴史書き換えに反対する意見書提出を採決しました。また、二〇〇七年には「教科書検定意見撤回を求める県民大会」が開催され、約一一万の人々が抗議の声をあげました。日本政府の歴史修正主義を批判する過程で、「集団自決」は殉国死ではなく日本軍の命令や強制に基づくものであるとして、「強制集団死」と言い換える動きが広まりました。

なお、非戦闘員が生活する島全体を日本政府が戦場にしたのは、住民を兵士として利用して、死亡する兵隊の補充を意図したからではないかと推察されます。兵役からもれた一七歳から四五歳までの男子は防衛隊、中学生以上の男女生徒は学徒隊に組織されました。しかし、実際には一七歳以下、四五歳以上の者にも防衛招集が適用され、病人、身障者までも招集されたケースもありました。防衛隊の員数は約二万五千人にのぼりましたが、そのうち六割が死亡しています。防衛隊員は作業や戦闘の支援だけでなく、切り込み等実際の戦闘にも投入され、主力部隊の温存に利用されました。

その他、八重山諸島ではマラリアによって多くの住民が死亡しました。私は、石垣島生まれの母親から彼女がマラリアが猖獗を極める山間部に日本軍の命令で他の住民とともに移住を強制され、マラリアに罹患し苦しんだ話を何度か聞いています。

マラリアによって八重山諸島全体では三六四七人、波照間《はてるま》島では全人口の三分の一が死亡しました。マラリアによる死の原因は、日本軍が食料を住民から略奪したことによって体力の弱った人々を、マラリア猖獗の山に移動させたことにあり、日本軍に責任があることは明らかです。

以上、沖縄戦における琉球人の犠牲についてごく簡単に述べましたが、ここであげた例はあくまで氷山の一角に過ぎません。実際には、日本軍が関わった琉球人の悲劇は無数にあり、その事例だけで一冊の本が編めるほどです。日本軍および米軍によって受けた被害がどれほど大きかったかは、先に記した九万四〇〇〇人という一般住民の死亡数が如実に物語っています。

しかし現在に至るまで、日本政府から琉球人に対する公的な謝罪はありません。

中国や韓国が日本政府に戦争責任を問い続けていますが、琉球人も中韓両国の人々と同じ戦争犠牲者であり、日本の歴史認識問題に抗議する権利と義務があるはずです。そして、抗議の声をあげ続けることは今を生きる琉球人の責任であり、犠牲となった琉球人に対する最大の供養にもなるのではないでしょうか。

「主権回復の日」と「屈辱の日」

一九四五年一〇月、グリーンランドやアイスランドとともに琉球を「主要基地」にすることを米軍統合参謀本部は決定しました。「主要基地」とは、米軍が絶対的な管理権を持つ基地であることを意味します。案の定、翌年にはアメリカが琉球の基地を無制限に使用できるという琉球の戦略的信託統治領化案を米統合参謀本部がまとめました。

事実、米軍統治が始まると、基地への核兵器の持ち込みや軍事演習等が自由に行えるようになります。また、日本「本土」で基地を建設する場合には米軍用地特措法に従わなくてはならなかったのに対し、琉球では米国民政府（琉球を統治する米軍の政府）が一方的に発令する布令や布告によって住民を居住地から強制的に立退かせています。

なお、統合参謀本部の案に対して当初、米国務省は琉球の日本への「復帰」と琉球の非軍事化を主張していました。その理由は、米政府が領土不拡大方針をとっていたこと、琉球統治に伴う財政負担の懸念、そして基地建設により生じる国際的な批判を避けたいと考えたからでした。

ともあれ、米政権内におけるこうした対立を経ながらも、サンフランシスコ講和会議に先立つ一九五〇年九月、国務省と国防省は共同メモを作成しました。それは大統領の承認を得た上で、講和条約草案となります。その草案には、琉球の信託統治をミクロネシアの戦略的信託統治と同様なものにしたいという統合参謀本部の意図が記されていました。ここでいう戦略的信託統治領とは、軍事活動が自由に行える信託統治領のことです。同統治領の一つであるマーシャル諸島では、米軍の原水爆実験が何度か実施されました。その結果、島や海は放射能によって汚染され、島民は被爆して今もその後遺症に苦しんでいます。

ところで、サンフランシスコ講和条約第三条には「合衆国を唯一の施政権者とする信託統治制度の下におくこととする国際連合に対する合衆国のいかなる提案にも同意する」との記載があります。しかし、琉球はその後、信託統治領にはなりませんでした。

その理由として、当時の国務長官顧問のコーエンは次のように述べています。

琉球が信託統治領にならなかったのは、もし信託統治にすると住民の経済的、社会的水準を増進させ、国連の信託統治理事会に報告書を提出する義務が生じたからであり、基地建設のために住民から土地を取得することが、信託統治の下では困難であると考えたからであった。

また、国連憲章第七八条には「国際連合加盟国の間の関係は、主権平等の原則の尊重を基礎とするから、信託統治制度は、加盟国となった地域には適用しない」と明記されています。つまり、日本の国連加盟により、講和条約が定める琉球の信託統治領化という前提そのものが揺らいだわけです。

ちなみに、一九四七年、昭和天皇は次のようなメッセージを米政府に伝えたとされています。

米軍の琉球統治はアメリカの利益になるだけでなく、日本の防衛にも役立ち、多くの日本国民も承認するだろう。軍事統治は少なくとも二五年から五〇年またはそれ以上、アメリカが租借するかたちで続く必要がある。

日本国民の象徴である天皇自ら、琉球をアメリカの植民地にすることを認めたわけです。

一般に、一九五二年四月二八日、サンフランシスコ講和条約が発効して日本は主権を回復したとされています。そして、第二次安倍内閣は、この日を「主権回復の日」と定めました。そして、二〇一三年四月二八日、政府主催で「主権回復の日」を記念する式典が開催されました。

しかしこの式典は、琉球人が自らの主権について改めて考える契機ともなりました。すなわち、「主権回復の日」とは、琉球人にとって自らの存在や歴史、人権や生活に対する本源的な「否定」を象徴する日だということです。

サンフランシスコ講和条約とともに同日、旧日米安保条約が発効しました。同条約には「日本国は、その防衛のための暫定措置として、日本国に対する武力攻撃を阻止するための日本国内及びその附近にアメリカ合衆国がその軍隊を維持することを希望する」との記述があります。琉球は「その附近」として位置付けられ、島内における軍事植民地体制が法制度的に確立されました。つまり、この条約によって占領軍がそのまま琉球に居座り続けることを意味していました。また、一九五二年は琉球人の人権を貶める日米地位協定の前身である日米行政協定が締結された年でもあります。

琉球が正式に米軍統治下に置かれることを条件として、日本は主権を回復できたわけです。つまり、日本は琉球を犠牲にして自らの主権を回復したのです。

要するに「主権回復の日」とは、日本が琉球を切り捨てて自らの安全を確保するために、琉球は日本ではないと改めて確認する日だといえます。

ところで、日本の主権回復で琉球が「復帰」できたとする言説があります。しかし、復帰運動を主体的に展開したのは琉球人自身でした。復帰運動は、琉球人が自らの生命、生活、人権を守るために、平和憲法を持つ国を求めた運動でもありました。日本政府が主権を得たから「復帰」したわけではないのです。

実際は、日本政府によって「復帰」は遠ざかったのです。一九六一年六月の池田・ケネディ会談の前に、琉球立法院は代表団を東京に送り、池田首相に対して施政権返還を会談の正式議題にするよう求めました。しかし、会談では取り上げられず、極東に緊張が続く限りアメリカが琉球を統治することが再確認されました。さらに一九六二年二月一日、琉球立法院は「施政権返還に関する要請決議」を採択しました。国連憲章、植民地独立付与宣言に基づいて、アメリカの琉球植民地支配を批判しましたが、日本政府は、琉球は植民地ではないと主張しました。

一九六一年、琉球では各政党（沖縄自由民主党を除く）、教職員会をはじめとする公的団体が中心となって沖縄県祖国復帰協議会を結成し、四月二八日を「屈辱の日」と呼びました。また、奄美の人々は「痛恨の日」と定めて抗議をしています。

しかし当時の琉球人は、この「屈辱の日」の本質について、もう一歩踏み込んで考えることはできなかったのでしょうか。

「屈辱」とは、琉球が再び日本の一部になれなかったことではなく、かつてひとつの民族国家として存在した琉球国の主権が再び奪われたことを指すのではなかったか。

カイロ会談の際、蒋介石は琉球諸島を中国とアメリカで共同して軍事統治し、後に信託統治領として両国で共同管理するよう提案しています。また、テヘランで行われたルーズベルトとスターリンとの会談では、スターリンが琉球は元来中国に属しており、将来、中国に「返還」すべきであると述べました。ただ、当時の中国は国共内戦後、国民党の中華民国（台湾）と、共産党の中華人民共和国に二分したことから、琉球の地位決定過程に影響力を及ぼすことはできませんでした。その結果、戦後世界最大の強国となったアメリカが琉球を軍事占領する体制が確立したのです。

大戦が終わっても、大国の間であたかもモノのやり取りのごとく交渉され、翻弄される琉球の姿が浮かび上がります。

ただ、視座を変えてみると、当時の国際情勢は戦後の混乱の中で極めて流動的だったことから、そこには琉球独立の契機があったのではないでしょうか。琉球にとって日本の敗戦は、辛亥革命の時と同様、独立する第二のチャンスであったのかもしれません。

米軍による基地建設と土地収奪

一九五〇年、アチソン国務長官はアメリカの防衛線としてアリューシャン列島、日本、琉球諸島、フィリピン群島を連ねる「第一列島線」を設定し、ソ連や中国など社会主義諸国に対する対抗姿勢を打ち出しました。

一九五〇年代は、米軍基地の機能強化にともない、日本国内でも砂川闘争、内灘闘争等の反米基地運動が激しくなった時代でもありました。

そうした中、米軍の軍事統治体制が敷かれていた琉球に、日本から米軍基地が移設されます。山梨、滋賀、岐阜、神奈川、奈良、大阪、兵庫等に駐留していた米海兵隊部隊が琉球に移動しました。また、一九五四年からは、琉球に約一二〇〇発の核弾頭が持ち込まれました。他方、日本は「非核地帯」とされ、安全保障上の大きな負担を免れると同時に、高度成長路線をまい進することになります。

また、米軍は琉球内で生物兵器の実験を行っています。一九六一年から六二年の間に少なくとも一二回、名護、首里、石川等で「いもち病菌」の散布実験が実施されました。米軍は一九六一年から生物・化学兵器の配備、貯蔵、訓練である「プロジェクト一一二」を進めていて、その一環として「いもち病菌」の生物実験を、あろうことか民間住宅地で行いました。さらに、一九六二年には琉球に化学兵器部隊が配備されました。軍事植民地の琉球では、人体に危険な実験をしても構わないと米軍は考えていたとしか思えません。

米軍は占領初期の軍用地やその後の新規接収地の地料を支払わず、無償のまま土地を利用しました。

一九五三年、米軍は基地拡大を目的として土地の強制収用を行うために、布令一〇九号「土地収用令」を公布しました。米軍武装兵に守られたブルドーザーが、次々と琉球人の農地や宅地を更地にし、そこへ基地が建設されました。

一九五四年、アイゼンハワー大統領は、琉球の無期限保有を宣言しました。

米軍は、毎年基地の地代を払うよりも地代に相当する資金を一括して払う方が得策であると考え、地代の一括払い方針を発表しました。それに対し、琉球立法院は次にあげる「軍用地処理に関する四原則」を採択します。

① 土地買い上げ、地代の一括払いは行わない。
② 使用中の土地に対して適正でかつ完全な補償をし、地代は住民の合理的算定による請求額に基づく。
③ 軍隊による損害に対して適正賠償をする。
④ 不要な土地を返還し、新規接収をしない。

しかし米軍は、一九五六年、本国より派遣された調査団の報告書をもとにして、住民の意思に反するプライス勧告を発表します。その内容は基地の重要性を強調し、長期保有の必要性を再確認し、一括払い、新規土地接収を認めるというものでした。同年、住民は四原則貫徹県民大会を開催し、プライス勧告に反対します。反基地運動は琉球全体に拡大し、「島ぐるみ闘争」と呼ばれました。

この島ぐるみ闘争に対して、米軍はオフリミッツ（米軍人・軍属の民間商業地域への立ち入り禁止措置）を発令し、米軍相手に商売をする住民に経済的な圧力を加えました。また、琉球大学への援助打ち切りを通告しました。

しかし、住民の反対運動が収まらなかったため、一九五八年、米軍は軍用地料一括払いの中止を発表し、五九年に新土地政策（軍用地料の倍増、毎年支払い等）を実施しました。その後、島ぐるみ闘争は収束に向かいます。

基地建設にともない、米軍関連の事件・事故は多発しますが、大半は軍人や軍属に有利な形で処理されました。私は、沖縄県知事公室基地対策課に「復帰」前の米軍基地関連の事件・事故件数を問い合わせてみました。すると、沖縄県議会議員からも同様な質問がありましたが、そのような統計は存在しないとの回答でした。つまり、米国民政府は自らの構成員が犯した罪の統計を公開しないという秘密主義的な統治を行っていたのです。また、事件を調査する米陸軍賠償審査官は往々にして被害者の方に過失を認めたため、賠償申請の多くが却下されました。

一九五九年六月三〇日、石川市宮森小学校に米軍ジェット機が墜落し、児童の一七名が死亡し二一〇名が負傷しました。

一九六三年には、トラックを運転する米軍兵士が信号を無視した上、中学生をひき殺すという事件が起きます。しかし、海兵隊司令部の特別軍事法廷で、運転をしていた兵士は無罪になりました。裁判は傍聴を許されず、裁判官、検察官、弁護人は海兵隊関係者で占められました。無罪の理由は明らかにされず、上訴も認められませんでした。

米軍犯罪者は、罰を受けずにアメリカに逃亡することが常態化していました。

琉球民裁判所は治安裁判所、巡回裁判所、上訴裁判所の三つに分かれ、琉球の民事事件を所管していました。しかし、米軍人、軍属、これらの家族（琉球人を除く）が犯した刑事事件には一切の裁判権を持ちませんでした。

裁判所は、琉球民裁判所の他に米国民政府裁判所、米軍軍法会議、土地裁判所があり、統治者（アメリカ）用と被統治者（琉球）用とに分かれていました。琉球人どうしの民事事件はほとんど琉球民裁判所で裁かれましたが、高等弁務官がアメリカの安全、財産や利害に影響を及ぼすと判断した事件については米国民政府裁判所が裁判権を有していました。

軍人や軍属、それらの家族による刑事犯罪については、裁判所を二つに分離して公平に裁けないシステムになっていました。高等弁務官が裁判官の任命権、承認権を掌握したため、反米軍的な判決は下せなかったのです。また、琉球民警察官には米兵に対する捜査権がなく、逮捕権も一定の犯罪の現行犯を除いては認められませんでした。

高等弁務官について、少し解説しておきます。

一九五七年、琉球統治の基本法となる大統領行政命令が発令され、琉球の最高法規となります。この行政命令に基づいて米国民政府は布令を出し、高等弁務官を設置しました。高等弁務官は、国防長官が国務長官と協議して大統領の承認を得た上で、現役軍人の中から指名されました。琉球と外国や国際機関との関係にのみ国務長官の権限があり、その他のすべての事項は、国防長官の管轄下に置かれていました。

高等弁務官は様々な権限を持ち、琉球における最高権力者でした。アメリカの戦略的信託統治領であるミクロネシア諸島にも高等弁務官が設置されていますが、やはり絶対的な権力を有していました。

高等弁務官は法令を公布できるだけでなく、アメリカおよび米国民の安全、財産に重大な影響があると考える時には、琉球のすべての立法案を拒否し、制定されたすべての法律を四五日以内に無効にする権限を持っていました。さらに、高等弁務官はいかなる公務員も罷免し、刑の執行の延長・減刑・赦免も思うがまま。まさに、皇帝のような存在です。

琉球政府は、法案を立法院に送付する前に米国民政府の承認を得なければなりませんでした。その際、米国民政府が大幅に法案を変更することが往々にしてありました。

ちなみに、一九五二年から一九六〇年の間に、琉球政府の行政主席が行使した拒否権は三一件にのぼります。そのうち二八件は、米国民政府の書簡によって主席に指示されたものです。これらの事前調整や書簡を通じた拒否の指示は、表面的には高等弁務官の行為として表れないため、本国の国防省や国務省へ報告する義務はありませんでした。

弾圧と抵抗

米国民政府は、表現の自由にも規制を加えました。

沖縄民主同盟という政党の機関誌『自由沖縄』が一九四八年に創刊されましたが、その直後、同誌は米国民政府から発行停止命令を受けます。発行者の山城善光《やましろぜんこう》は検挙され、罰金刑が言い渡されました。発行停止の理由は、米国民政府に反対し米国民政府首脳の退陣を求め、知事公選や議会政治の確立を目指す内容の文章が掲載されたことにありました。人民党の機関紙『人民文化』第八号も同じような理由で発行禁止となりました。

一九五四年、米国民政府は沖縄教職員会の『教育新聞』を復帰運動推進に利用するのを禁じました。さらに同年、同教職員会代表の屋良朝苗《やらちょうびょう》が「教育界のメンバーを駆って（琉球）政府及び（米国）民政府の利益に反するような活動に従事せしめた」という理由で屋良の日本への渡航を禁止しました。のみならず、米国民政府は沖縄教職員会に対して教職員ビル建築資金の融資申請を却下し、日本で集めた校舎建築資金の琉球への持ち込みを禁じました。アメリカは、軍政下では統治者の意に沿わない見解や行動をする個人や団体の存在は許さない強権主義体制を敷いていました。

このように、アメリカ合衆国の建国理念「自由と平等」は、少なくとも琉球では、ご都合主義の空言でしかありませんでした。

先に述べた島ぐるみ闘争の発火点になったのは、伊江島での反基地闘争です。

一九五五年、完全武装した米兵約三〇〇人が上陸用船艇で伊江島にやって来て、「この島は米軍が血を流して日本軍から奪った島だ。君たちに発言権はない」と言い放ち、阿波根昌鴻《あはごんしょうこう》の家屋をブルドーザーで押し潰しました。

「伊江島土地を守る会」代表の阿波根は、次のように述べています。

「はじめ、金網はあった。しかし、われわれが取った。われわれの土地だからである。金網は、また張られた。われわれは、また取った。彼らは根負けした。家だって、そうだ。基地内に建てるな、というのを建てた。こわされた。また建てた。ミサイルだって、そうだ。三年前、島にミサイルが持込まれた。発射演習をやるというのだ。われわれは、ミサイルの前にすわった。三日後、一発も打たずに彼らは帰った」（朝日新聞社編『沖縄報告』朝日新聞社）

阿波根は「団結小屋」を拠点にして米軍による土地奪取に抵抗し、「復帰」後も日本政府から支給される軍用地代の受け取りを拒否しました。また阿波根は「ヌチドゥタカラの家」を設立し、伊江島の土地を守る闘いに関する歴史資料を展示し、来島者に戦争や基地の愚かしさ、平和の大切さを訴えました。

政治家も弾圧されました。瀬長亀次郎《せながかめじろう》が那覇市長に立候補すると「瀬長市政になれば電気・水道がとまる」と書かれた誹謗中傷のビラを、米国民政府はなんと米軍ヘリから撒き散らしました。そして一九五六年、瀬長が那覇市長に当選すると、米国民政府は那覇市への補助金を打切り、銀行融資を停止し、市預金を凍結しました。

その後、市議会は市長不信任を可決し、解散そして選挙を行いましたが、市長反対派は市長不信任の再可決に必要な定員数の三分の二を獲得できませんでした。すると、米国民政府は「改正市町村議会、議員及び市町村長選挙法」と「市町村自治法」を公布して、市長不信任の成立要件を二分の一以上に変え、過去に罪を犯した者は公職につけないとしました。その結果、過去に偽証罪があった瀬長は、市長職から追放されます。

一九五六年、米国民政府は琉球大学の学生の中に反米的言動をした者がいるとして、同大学に対する援助を、次の条件を満たさない限り打ち切る方針を示します。その条件とは、デモに参加した学生を一年間停学処分にし、教員も自らの反米的言動を深く反省するというものでした。琉球大学は六人の学生を除籍し、一人を謹慎処分にしました。

当時の米国内では黒人差別が問題化していましたが、琉球の米軍基地内でも琉球人差別がありました。琉球人はトイレも米軍人とは別であり、コーヒースタンドへの立入りは禁じられていました。琉球人の中には、英語で書かれた表示が読めず、軍人用トイレに入って叩き出され、わずかなミスで尻を蹴り上げられた人もいました。朝夕、厳重な身体検査がなされ、弁当箱が開けられ、素っ裸にされた例もありました。

基地労働者であった上原康助《うえはらこうすけ》は「人間らしく扱われたい」と願って、米軍基地内に全軍労という労働組合を結成しました（前掲『沖縄報告』朝日新聞社）。

琉球人は、元来、争いを好まない傾向があります。しかし、琉球人も人間である以上、抑圧が一定の限度を超えると当然のことながら行動を起こします。

土地の収奪、抵抗表現への弾圧、人種差別、米兵による凶悪事件や性犯罪など、米軍統治下で続く抑圧に対して、琉球人の怒りが爆発したことがあります。コザ騒動と呼ばれる歴史的抵抗運動です。

この騒動には伏線となる事件があり、一九六九年七月の米軍知花弾薬庫の致死性ガス漏れ事故、一九七〇年一二月の米兵の琉球女性ひき殺し事件が無罪判決になったこと、毒ガス移送計画、基地労働者の大量解雇等が騒動の火に油をそそぎました。

一九七〇年一二月二〇日未明から明け方にかけて、コザと呼ばれた沖縄市の国道三三〇号線やゲート通りで騒動が発生しました。米兵の人身事故、米軍車両の衝突事故を直接の原因として数千人の琉球人が石や火炎瓶を投げ、米人車両約八〇台を横転させ、炎上させせました。さらに、一部の住民は嘉手納基地内に入り、守衛所や学校に放火しました。しかし、商店等への略奪行為はなく、米軍人・軍属の車両を目的にした騒動でした。米軍圧政への怒りの爆発でした。米軍当局は、騒動に対する制裁措置として米兵の外出禁止令を発令して、基地周辺経済に打撃を与えようとしました。

米軍による経済支配

米軍統治時代の為替レートは、基地の建設と維持を目的として米軍が決定しました。琉球では、一九五八年にドルが使用されるまで軍票である「B円」が流通していました。一二〇B円＝一ドルというB円高の為替レートでした。

当時、基地労働者の賃金は、民間企業で働く勤労者賃金の三分の一から四分の一でしかありませんでした。この低い賃金水準を維持するために、B円高にして輸入品の価格を下げることによりインフレを防止しようとしたわけです。

一九五一年には、『琉球列島経済計画』が策定されました。同計画では、琉球にある生産要素を基地建設とその維持のために投入して得られた資金によって、貿易赤字を解消することに重点が置かれました。同計画には、「計画当局のとり得る最も効果的な方策は労働者を訓練して永久に軍事施設内で雇用できるようにすることである」と記されていました。また、同計画では、琉球人が基地労働者になり、幅広い専門技術を習得し、アメリカ人との接触によって琉球文化に変容がもたらされ、労働者の嗜好の対象も農産物から工業製品に変わり、琉球は自給自足的な農耕社会から勤労者社会に移行すると指摘されています。土地の強制収用が本格化した時期に策定された同計画は、土地収用を円滑に進めることを目的にしていました。すなわち、米軍は意図的に琉球の経済と基地をリンクさせたのです。

なお、経済活動や生活の基本的要素である、資金、エネルギー、水資源等は、琉球政府ではなく米国民政府の直轄下にある琉球開発金融公社、琉球電力公社、琉球水道公社、琉球銀行（米国民政府が五一％の株取得）に委ねられました。石油の輸入権も米国民政府が掌握していました。

このように、米軍は琉球人の生活、資源、資金等の経済全体を支配する体制を確立しました。

水道の水は米軍優先に配水され、琉球水道公社は米軍から水を購入して琉球人の家庭や企業に供給しました。そのため、基地内のプールに水が満たされ、芝生に散水する一方で、フェンスで隔てられた琉球人の住宅地では断水状態が続くという光景がしばしばみられました。

電力も同じような状況にあり、基地への配電が優先され、琉球人の経済活動や生活が大きな制約を受けました。民間が利用する電力は、軍の余剰電力と呼ばれました。

現在の国道五八号線は、米軍統治時代には「軍道一号線」と名付けられていました。兵器や危険物を運ぶ軍用車が走行する時は、民間の自動車よりも米軍の方に優先権がありました。そして、米軍はいつでも道路閉鎖、交通制限ができたのです。

商業港、軍港を管轄する港長は米軍人であり、船舶の出入りの順序は港長が調整していました。米軍優先の原則は、ここでも貫徹されました。港でも米軍関連の事故が発生し、例えば一九六八年、米軍の原子力潜水艦が入港した那覇港からコバルト六〇が検出されました。

那覇空港は、ターミナルを除いてすべて米軍基地でした。民間航空機は、米軍機離発着の合間をぬって滑走路を利用するという状況でした。「復帰」後、米軍基地は航空自衛隊基地となり、同一の滑走路を軍用機と民間機が共同使用しています。

こうして基地に平地が占有されたことによって、ただでさえ狭い琉球の面積が狭まり、琉球人の生活や経済活動の場が失われました。

また、米国民政府は、西表島や石垣島等の琉球内の島々に人々を移住させました。琉球内だけでなく、国外への移住も進められました。

海外への琉球人移住計画策定にあたり大きな役割を果たしたのは、スタンフォード大学教授のジェームス・ティグナーでした。一九五一年から琉球と南米各地を調査したティグナーは、ボリビアにウルマ移住組合を設立し、一〇年間で約一万二〇〇〇人を移住させる計画を作成しました。米連邦政府は、八〇万ドルをボリビアに移住した琉球人の定着資金としました。一九五三年には移民金庫が設けられ、米国民政府や琉球政府からの補助金、ハワイ同胞からの寄付金等を基にしてボリビア、ブラジル、アルゼンチンへの移住者に資金が貸し出されました。戦前、戦後を通して、島嶼経済の困難性が移住のプッシュ要因になっていました。そして戦後になると、基地建設によって、生活や経済活動の基盤となる土地自体が縮小されるという新たな要因が加わったのです。

一九五五年、立法院は「沖縄移民受入方に関する請願決議」を採択しました。「言語に絶する程の戦争災害を受け、更に軍事施設のために四万エーカー余の土地を接収され、土地狭隘、人口稠密で苦しんでいる沖縄において移民の送出しは絶対必要なことである」

一九四八年から五八年までの移住地別の移民数をみると、ブラジルが四九〇九人、アルゼンチンが二五三〇人、ボリビアが一二四二人、ペルーが二六九人といったように、ラテンアメリカに集中しています。

しかし、ティグナーが計画を作成し、米国民政府の援助が与えられたボリビアの移住先では、一九五四年から一九五五年にかけてウルマ病と呼ばれる熱病が発生しました。琉球人一四八人が感染し、一五人が死亡しています。琉球人は、原生林の中でキャンプを張り、食糧も不十分な状態での集団生活を余儀なくされました。

琉球は日米間の狭間で極めて曖昧な位置付けにあったため、国家の保護を受けられませんでした。琉球の漁船が直面した危険な状況はその一例です。

一九六二年、モロタイ海峡で航行中の第一球陽丸がインドネシア軍用機に銃撃されました。これを受けて立法院では、「沖縄船舶に日章旗の掲揚を可能ならしめるよう日米交渉で適切な処置をこうじてもらいたい」という趣旨の決議をしました。しかし、米国民政府はその要請を、なぜか受け入れませんでした。一九六六年には、第八恵洋丸がインドネシア海域でインドネシア警備艇に拿捕されました。琉球の漁船は一九五〇年の布令一二号に基づき、日米両国の国旗ではなく黄青黄の三色旗の掲揚が認められました。それは国際信号旗Dを利用したものであり、「わが方の航行安全のためにわれを避けよ」を意味するだけであり、特定国の船舶旗とは認識されませんでした。

信託統治領であれば、国連の視察を受け、将来的に自立した法的地位を与える義務を統治国は負います。しかし、米政府は「琉球人は米国民ではない」と主張し、琉球を曖昧な政治的地位に置き続け、自国民保護という義務を忌避しました。

「潜在主権」は日本にあると日米両国は主張しましたが、日本政府は国家主権を行使して琉球人の安全を守ろうとはしませんでした。片や米軍は、植民地体制を引き延ばし、琉球を他国から干渉されず利用し続けました。

日本企業のドル獲得地としての琉球

一九四〇年代末、日本は経済安定九原則の実施によって深刻なデフレに陥り、外資が減少して国内の購買力が低下しました。その際に、琉球における基地建設はドル資金獲得の絶好の機会となります。一件の請負工事金額は、約八億〜一五億円という巨額にのぼり、業者には資材も支給されました。

一九五八年の日本の外貨保有高は円に換算すると約一三億円でした。そのうち、琉球から日本に移転したドルの円換算額は約四億円にも達しています。

また、日本企業のドル獲得は、基地建設だけではなく、琉球への輸出によっても可能でした。

当時、日本政府発行の統計書や白書の中では琉球は『琉球』と記載されていました。潜在主権を言い募りながらも、日本は「琉球」を外国とみなして「外貨」を獲得していたわけです。一九六〇年の『沖縄タイムス』（二月四日）には、「琉球と日本とのお取引には　日本勧業銀行」という広告が掲載されています。日本復帰運動が展開されていたにも関わらず、当時の日本企業にとって琉球は海外投資先の一つでしかなかったわけです。

一九五〇年代から一九六〇年代末にかけて、基地の建設、朝鮮戦争、ベトナム戦争等から生じた軍需によって、琉球では日本からの輸入品が増大しています。基地需要の約九割は、日本からの輸入品で補充されました。

一九五八年から一九七一年までの琉球における貿易の統計をみてみると、輸入の約七割は日本が占め、その総額は約二六億七二三四万ドルとなっています。一方、輸出先の約九割は日本で、その総額は約八億三八〇〇万ドルとなっています。つまり、琉球の対日貿易は、差し引き約一八億三四三四万ドルの貿易赤字ということになります。

ちなみに、その期間の日本政府による琉球への援助総額は、約二億四五〇〇万ドルであり、貿易赤字を相殺するには程遠い額でした。

当時の琉球人は、日本復帰運動により母国との一体化を求めていましたが、その「母国日本」は、琉球から膨大な経済的利益を得ていました。日本にとって米軍統治下の琉球とは、擬似国家にしてドル獲得を可能にする制度的枠組みでもありました。

さて、日本への「復帰」が確定されると、日本側では様々な琉球に関する経済計画が策定されました。

一九七〇年、日本経済調査協議会の『沖縄経済開発の基本方向　要約と提言』には、次のような内容の記述があります。

日本「復帰」によって、制度的に琉球が日本の一部になるだけでなく、経済的にも一体化され、物、人、資本の移動が自由になり、通貨もドルから円に統一され、経済原則が貫徹する空間が形成される。「高値悪質」な琉球製品の日本製品による駆逐も予想される。だが、それは経済原則の結果であり、止むを得ない。大規模開発を原因とする公害の発生に反対し、地元企業存続のために既得権を主張すると、開発は遅れ、日本との格差も縮まらないだろう。

日本政府は、自らが策定した計画やその実施を、琉球が抵抗せず受け入れることを求めましたが、こうした日本政府の方針は、その後の琉球に何ら恩恵を与えないどころか、経済植民地化の主因となったことは周知の通りです。

第四章　「復帰」という名の琉球再併合

フェンスで隔てられた琉球と日本

琉球政府主席、屋良朝苗《やらちょうびょう》は『復帰に関する建議書』を作成し、それを一九七一年一一月一七日の第六七臨時国会（「沖縄国会」）に提出しました。しかし同日、衆議院の沖縄返還協定特別委員会は、沖縄返還協定を強行採決しました。

建議書の柱は、いうまでもなく米軍基地の「本土並み返還」でした。しかし、返還にあたっての肝とでもいうべきこの琉球の要望は無視され、米軍基地はそのまま丸ごと維持されることになります。

日本は尖閣諸島を含む琉球を事実上自国から切り離し、あまつさえ国内の米軍基地を移します。つまり、日本は琉球を犠牲にしてアメリカの下で安全保障を担保し、自らは安心して高度経済成長に向かってまい進したということです。

「復帰」前、日本国内では左翼の各党派に主導され、市民や学生が「沖縄奪還、沖縄返還」を叫んで復帰運動に参加しました。しかし、自立を志向する琉球人たちからみれば、それは所詮「元の持ち主に沖縄を取り戻す」という日本ナショナリズムに立った運動でしかなかったのです。

一九五六年に全司法福岡高裁支部の作詞、荒木栄の作曲で『沖縄を返せ』という歌がつくられました。その一部を引用してみましょう。

「固き土を破りて民族の怒りに燃える島沖縄よ、我等と我等の祖先が血と汗もて守り育てた沖縄よ我等は叫ぶ沖縄よ我等のものだ沖縄は沖縄を返せ沖縄を返せ」

日本人がこの歌を歌う時、「民族」、「我等」といった言葉が意味するのは、あくまでも日本人です。自らの安全保障や経済に関わる政策では異民族として扱いながら、領土上は琉球人を日本人として何ら疑いも持たず認識しているのです。琉球は、日本人が戦いによって守ってきた国土の一部であり、それは日本の所有物であるという、愛国心濃厚な歌です。

しかし、この歌を琉球人が歌えば「民族」、「我等」という言葉は琉球人を意味し、「沖縄を返せ」は「沖縄に返せ」となるのです。私が大学生の頃、法政大学で大工哲弘《だいくてつひろ》の『沖縄を返せ』を初めて聞いた時、大工は真正面を見据えて力強く「沖縄に返せ」と唄っていました。

さて、日本人は「沖縄を返せ」と主張しましたが、まだ返還されていない土地があります。いうまでもなく、それは米軍基地です。

琉球には、陸軍、海軍、空軍、海兵隊という四軍の基地があります。各基地には、英語と日本語で書かれた看板がフェンスの内側から括り付けられていますが、普天間基地には次のような文言が書かれた看板がありました。

「米国海兵隊施設　無断で立入ることはできません。違反者は日本の法律に依って罰せられます」

米軍は戦後、琉球人に無断で土地を収奪し、銃とブルドーザーによって無理やり基地を造営し、現在に至るまで琉球の土地を占拠し続けています。そして、元々の所有者である琉球人には「土地に入るな」と命じています。

琉球人の土地を違法に奪った米軍を日本政府は法律で罰することもできず、琉球人が土地を奪回しようとすれば罰すると宣言しているわけです。

一見、フェンスの向こう側にはあたかも日本の法律が適用されているように看板からは読めます。しかし、事実上敷地内はアメリカであり、日本の国家主権は及びません。したがって、フェンス外で米兵が琉球人に対して犯罪を行ったとしても、治外法権である基地内に逃げ込んでしまえば日本政府は何ら対応できないというわけです。

米軍は、大綱引きやハーリー（船漕ぎ競争）といった伝統行事への参加や英会話ボランティア等によって「良き隣人」政策を行っていますが、結局のところ琉球人に対する不信と差別意識がその根底にあることを、フェンスにかかった看板は如実に物語っているのです。「復帰」後の琉球における現実とは、このようなものでした。

二〇一二年八月、私がグアム調査をした際、元米連邦下院グアム代表であり、グアム大学学長でもあるロバート・アンダーウッドの演説を聴く機会がありました。会場は、グアム大学内で開催された「フェンス」というテーマの展示会のレセプションでした。

演説の中で興味深かったのは、次の個所でした。

「エンジェル・サントスは米軍基地のフェンスを乗り越え、自らの土地の奪回を行動で示した。これまでチャモロ人は基地を恐怖の存在として見ていたが、サントスがフェンスを越えたことで、チャモロ人は米軍に対する恐れを乗り越えられた」

サントスとは、チャモロ・ネイションというグアムのアメリカからの独立を求める団体のリーダーであり、またグアム議会上院議員だった人物です。

「復帰」に際して、琉球人はフェンスを取り除き、自らの土地の奪回を「復帰」に期待しましたが、またしても日本に裏切られました。

「沖縄返還」とは、琉球人にとって「フェンスを乗り越えて」自立のための異議申し立てをするための、辛亥革命時、日本の敗戦時に続く三度目のチャンスでもありました。

琉球同化政策の強化

琉球は「復帰」後、各種開発政策の実施を通して、政治的、経済的、そして社会的な日本への同化が急速に進んでいくことになります。

琉球が日本に「復帰」すると、沖縄開発庁によって琉球の開発計画が作成され、沖縄振興開発特別措置法（沖振法）という琉球に限定された法律が施行されます。

日本政府の開発計画では、基地の撤去と基地跡地利用を前提とした経済開発は対象外とされました。そして、振興開発のための金融機関として、沖縄振興開発金融公庫が設立されますが、その資本金は「復帰」前の琉球開発金融公社、大衆金融公庫、琉球政府特別会計の純資産等であり、日本政府は計画の予算内で追加的に出資しました。

沖縄開発庁の業務の一つに、沖振法に基づいた一〇年毎の沖縄振興開発計画（沖振計：二〇〇二年より沖縄振興計画に名称変更）の策定があります。日本政府が一つの都道府県を対象にして総合計画を策定したのは、沖縄県だけです。ちなみに、北海道開発庁による北海道の開発計画は、資源開発計画に限定されていました。

開発においては、沖縄開発庁が開発調査、各省庁との調整、計画の策定を行い、一括計上方式という各省庁の琉球に関する振興開発予算をまとめて計上し、高率補助を実現させました。そして、沖縄開発庁の開発実務は、琉球にある沖縄総合事務局が担当しました。

この開発方式は、構造的に日本政府が決定権をもつシステムであり、琉球側の主体性が奪われた方式でした。

なお、沖縄開発庁は二〇〇一年からその名称・機能を変更し、内閣府沖縄担当部局となっています。沖縄開発庁は主に開発行政を専管としますが、内閣府沖縄担当部局は開発のみならず基地関連の懸案、地方政治も含めて、総合的に琉球を管理する性格を有しています。つまり、琉球に対する日本の統治体制は、以前にも増して強化されたわけです。

内閣府沖縄担当部局の命令系統は、次のような流れになっています。

内閣総理大臣→内閣官房長官・沖縄及び北方対策担当大臣・特命担当大臣→副大臣・大臣政務官→事務次官→内閣府審議官→沖縄振興審議会・内部部局〔政策統括官（沖縄政策担当）・沖縄振興局・沖縄総合事務局〕

沖縄県庁は一九七二年に誕生しましたが、二〇一〇年三月に提示された「二一世紀沖縄ビジョン」策定まで、沖縄県庁が予算措置を伴う経済計画を自ら作成したことはありません。また、同ビジョンにしても、その予算配分権は日本政府にあり、それが実現するかどうかについては事実上日本政府の意のままです。

ところで、沖縄担当部局の中では、政策統括官が特に大きな権限を握っています。

次にあげるのは、沖縄振興計画が策定されるまでの流れです。

沖縄県知事→計画案提出→内閣総理大臣→沖縄振興審議会からの意見聴取→決定ないしは変更→沖縄振興計画策定→知事への決定通知

振興計画は、県知事が計画案を作成して内閣総理大臣に提出するところから始まります。そして、内閣総理大臣は沖縄振興審議会の審議を経て、関係行政機関の長と協議し最終的な計画を決定します。沖縄県知事も計画案を提示できますが、計画の実質的な中身は内閣府の役人が決めます。

振興計画の知事案を日本政府が書き変えたケースもありました。

第一次沖縄振興開発計画の知事案には「軍事基地の撤去」を通じた「基地経済からの脱却」が明記されていました。しかし「計画」では、「米軍施設・区域の整理縮小をはかる」と変わりました。また、知事案では、市町村道の整備の遅れは「基地間の軍用道路が主要幹線道路網を形成した経緯にも大きく起因している」と指摘し、水道の軍事優先使用を批判して「水需要の増大に対処するため、軍事優先使用をなくし、県の一元的管理運営」を図る必要があると述べた部分がありましたが「計画」では削除されました。公害に対しても、知事案では強い懸念が示されていましたが、計画の中では全体的に公害反対のトーンが弱められました。第三次沖振計でも、基地に対する姿勢に関しては、第一次沖振計と同じく知事案と実際の計画では大きな隔たりがありました。

なお、有識者や学識経験者等を集めた沖縄振興審議会には、開発推進派のメンバーが多く、議論の展開も官僚に仕切られているのが常態です。要するに上からの開発であり、琉球ではなく日本の政府が管理し、支配し、近代化するという体制といえます。

「復帰」後に実施された日本政府による開発戦略は、一貫して拠点開発主義です。つまり、特定の場所や産業に集中的に資金を投下して、その波及効果によって地域全体の経済成長を促すという開発手法です。

当初、沖振計では琉球の高度工業化を実現しようとし、二種類の工業地域の建設を想定していました。第一は「内陸型工業」であり、琉球の豊富で安価な労働力を活用するために内陸部に工業団地を造成し、既存の工業生産との融合を図ろうとするものでした。第二は「臨海型工業」であり、沿岸部を埋め立てて大規模な港湾を有する工業地帯を造成して日本企業を誘致しようとしたものです。

「復帰」前後、日本政府と琉球政府（後に沖縄県庁）は、観光業ではなく石油備蓄基地、石油化学コンビナートを設置しようと考え、平安座《へんざ》島の海を埋め立てCTS（Central Terminal Station：石油備蓄精製基地）を建設します。その結果、海は汚染され漁業が衰退していくことになりました。また、その後日本では石油化学のような重厚長大産業は徐々に衰退し、同島の石油精製も中止されて多くの労働者が解雇されました。開発側の当初の目論見は大きく外れ、約束された琉球の産業発展の夢は虚しく立ち消えます。

地域も潤わず、残されたのは破壊された環境だけでした。

結局、企業の大規模な進出もなく、高い失業率は解消されることはありませんでした。

その後、琉球経済の中で製造業の占める割合は低下し、観光業が主要産業になっていきます。日本政府の開発計画は、完全に破綻したわけです。

そもそも、美しい珊瑚礁に囲まれた島々に大規模な製造業を持ってこようとした発想そのものが大きな間違いだったのです。いったい中央官僚は何を考えているのか、まったく理解に苦しみます。

なお、振興事業費全体の九〇％以上は、公共事業に投じられています。道路・港湾・空港・ダムの建設、土地改良事業等、大規模な土建型開発が実施されました。その結果、沖縄島周辺の珊瑚礁の九〇％以上が破壊されることになりました。珊瑚礁が破壊されると生態系も壊れ、当然のことながら海の生物も減少します。そして、沿岸地域に住む人々の生活スタイルも大きく変化し、琉球人が生きる土台（サブシステンス）そのものが崩されることになりました。

その後も日本政府は、自由貿易地域、特別自由貿易地域、金融特区等の夢をばらまき、琉球の人々に経済発展を期待させましたが、そのことごとくが失敗に終わったことは記憶に新しいところです。失敗の原因は、明らかです。すなわち、琉球の自治や内発的発展に基づかないで、上からの経済開発を推し進めたことにその原因があるのです。

日本国内の地方経済をみても、それはわかります。成功した事例のほとんどは、自治体が主体となり自らの創意工夫によって進められたものであり、中央の木端役人が机上でこね回した計画によるものではありません。

琉球経済の現状

二〇一〇年度における琉球の県外受取所得の構成比は次のようになっています。最も大きいのは国庫からの経常移転で四七・〇%、次いで観光収入が二〇・一%、そして米軍基地からの要素所得（七・二%：軍雇用者所得＋軍用地料＋その他）と米軍等への財・サービスの提供（三・二%）を併せた一〇・四%となります。

一方、二〇一〇年度における沖縄県内歳入の地方税、地方交付税、国庫支出金の構成比をみると、それぞれ一五・六%（全国三二・八%）、三〇・〇%（全国一七・五%）、三〇・四%（全国二七・

三％）となっています。この統計が意味するのは、日本政府からの公的資金に大きく依存した従属的経済構造となっていることです。「復帰」後、琉球の経済は自立の方向には向かわず、日本政府への依存度をより深めていることがわかります。

次に、琉球の産業構造についてみてみましょう。

琉球における一九七二年の産業構成は、第一次産業七・三％、第二次産業二七・九％、第三次産業六七・三％という内訳でしたが、二〇一〇年になると、第一次産業二・〇％、第二次産業一二・四％（内製造業四・〇％、建設業八・三％）、第三次産業八五・六％と変化しています。

「復帰」後の琉球経済を俯瞰してみると、大規模な土地改良事業、製造業誘致を目的とした珊瑚礁の埋立て事業等が実施されましたが、農林水産業、製造業が大きく衰退する一方で、観光業を中心としたサービス業に偏重し、高率補助金制度によって政府部門が肥大化したことがわかります。食料自給、物的生産の基盤は脆弱であり、島外への依存度が増し、日本国内外の政治経済や社会の変動に島の経済が左右されやすい歪な経済構造となっています。

また、振興開発によって建設された施設やインフラの維持管理費は、市町村の負担になるため、立派なインフラや施設ができてもその維持管理費の負担で市町村の財政赤字が増えるという構造になっています。さらに、公共事業の受注者をみると、事業全体の半分近くは琉球外の建設業者が受注していることがわかります。

二〇一〇年の琉球における一人当たりの県民所得は年間二〇三万円となっています。全国平均は二七三万円であり、その格差は七四・二でした。現在、日本では個人間の格差問題が注目を集めていますが、琉球では「復帰」後四〇年以上も日本との地域格差問題が続いているのです。二〇一二年における失業率は六・八％（全国四・三％）であり、全国平均を大きく上回っています。特に若者の失業者が多く、一五～一九歳が二二・二％（全国七・九％）、二〇～二四歳が一四・〇％（七・九％）、二五～二九歳が八・三％（全国六・四％）にものぼっています。

雇用条件をみても、不安定な職場で働いている人が全国平均と比べると多いことがわかります。二〇〇七年の全雇用者に占める非正規雇用者の割合は、琉球が三九％で、全国平均は三三％です。二〇〇九年の琉球のジニ係数（一に近づくほど地域内の経済的不平等が大きい）を項目ごとに示すと、収入が〇・三三九（全国〇・三一一）、住宅・宅地資産額が〇・六二八（全国〇・五七九）、貯蓄現在高が〇・六九九（全国〇・五七一）、耐久消費財資産額が〇・四四八（全国〇・四二八）となります。

以上あげたように、すべての指標で琉球の方が全国平均より高くなっています。また、琉球と日本との間だけでなく、琉球内でも貧富の格差が拡大しています。日本政府から提供された振興開発事業費等は、琉球の経済自立、格差是正に役立たず、琉球内の格差を広げました。さらに、高失業状態が公共事業への期待を生み、振興開発で環境が破壊されるという悪循環に陥っています。

ところで、ＣＴＳ失敗後、拠点開発の中心になったのは観光業であり、琉球の主要産業にまで成長しました。入域観光客数をみると、一九七二年の約四四万人から二〇一一年には約五四二万人にまで増加し、観光収入も一九七二年の約三二四億円から二〇一一年には約四〇七〇億円へと増えました。

しかし、その観光業もリーマンショック、航空機燃料費上昇、新型インフルエンザ、テロ・戦争、東日本大震災、尖閣諸島問題等、外的要因により観光客数が大きく減少するという不安定な構造を特徴としています。

さらに、指摘しなければならないのは、観光市場でも日本に拠点を置く旅行代理店、航空会社、ホテルチェーン等が、琉球の経済を支配していることです。

琉球の島々における経済活動で獲得した利益は、本社がある東京、大阪等に還流していくという植民地型経済構造が顕著になっています。日本企業による土地の買収、大規模開発、地元企業の買収・系列化が進む一方で、琉球企業が倒産し失業者は増加しました。

さらに、見過ごせないのは、観光開発の過程で琉球のウタキ信仰、祀り、聖なる場所、霊的実践者の活動等、琉球人のアイデンティティ形成に大きな役割を果たしてきた島々のコスモロジーが危機的状況に陥っていることです。

本来、開発とは経済自立、住民福利の向上、基本的人権の保障等、人間の安全保障の促進を目的としなければならないはずです。しかし、琉球では人権を侵害する米軍基地の存在が固定化され、その差別的現状を糊塗する手段として振興開発政策が使われているのです。琉球では、基地の存在と離したかたちでの開発行政が許されない状況にあります。

しかも、振興開発は基地の過重負担の「代償」にはなっていません。振興開発を手段とした基地と住民との「共生」など元々不可能なのです。

振興開発と基地との関係については、しばしば「アメとムチ」という比喩が使われます。しかし、琉球にとってアメは決して甘くはなく、極めて苦いものでした。一九九〇年代半ばから、膨大な振興開発資金が投じられたにも関わらず、北部地域で経済自立を実現した自治体はありません。琉球全体を考えても、そうした事情は変わりません。

先にも述べたように、自主的運用を許されない資金など、経済の本質的な自立を促進するはずもなく、いたずらに依存心を高める一過性の麻薬にしか過ぎないのです。

そして、最も重要な点は、そもそも琉球人に開発資金というアメを与えられるかわりに、基地というムチを受け入れるといったメンタリティなどないということです。

米軍基地は琉球人にとって宿阿のようなものであり、その存在から受ける心的物理的苦痛は、金銭によって購えるようなものでは到底ありません。ほぼ全琉球人が、開発資金の有無に関わらず、米軍基地を拒否しているのです。

「復帰」体制の特徴は次の通りです。

① 日本国による琉球統合の深化。

② 琉球人の生命や生活よりも日本人の生命や日本の安全を重んじ基地負担を押し付ける差別体制。

③　政治的、軍事的、経済的利益が琉球から日本に流れる仕組み、つまり植民地体制。

「復帰」とは「元の状態に戻ること」を意味しますが、琉球の元の状態は日本ではなく琉球国です。琉球は「日本固有の領土」ではなく、琉球人にとっては「奪われた領土」です。一九七二年の年だけではなく、長期の歴史のなかで「復帰」の意味を考える必要がある。つまり「復帰」を過去形ではなく、現在進行形の問題としてみなければ、琉球の植民地問題の本質は捉えることができません。

さて、第一部では駆け足で琉球の歴史を述べてきました。ここで知っていただきたかったのは、琉球の歴史それ自体が「琉球独立」の根拠となっているということです。

第二部　なぜいま独立なのか

第一部では、極めて簡単ではありますが、琉球の歴史を紹介しました。

昨今、「歴史認識」という言葉が様々な国の国益、あるいは思想的立場から語られていますが、確かに歴史は我々に何かを語りかけます。それでは、琉球の歴史は何を語りかけているのでしょうか。

既に述べたように、琉球史はそれ自体が「琉球独立」の最大の根拠となっています。すなわち、琉球は固有の歴史を育んできたひとつの民族国家であること。そして薩摩藩の侵略から現在に至る近現代史は琉球にとって苦難、災厄の歴史といっても過言ではなかったということ。いずれも独立の根拠として、十分過ぎる事由であることが容易に理解されるはずですが、いったいどれだけの日本人がこの事実を認識しているのでしょうか。

現在の日本は、琉球人が責任ある個人として主体的に国家意志の形成に参加できる国ではありません。それは、戦後史を俯瞰しただけでもわかります。およそ国家というものは、全国民に対して平等に、福利の源泉として存在していなければならないはずです。しかしながら、日本という国においては、この全国民の中に琉球人は含まれていない。

琉球が日本国の一部であることによって多くの犠牲を背負わされるのならば、自らの国家をつくるという選択肢を琉球人が真剣に考えても当然なのではないでしょうか。

日本の一自治体として安住しながら基地被害や構造的差別を告発するのではなく、問題の源を解決する具体的な方法としての「独立」を真摯に考えなければ、琉球はこの先も屈辱の歴史を歩まされるはずです。そして、独立を前提として政治経済を主体的に考え進める中で、日米両政府との交渉力も増し、差別や無視の対象ではなくなります。琉球は、日本の約四〇〇年にわたる支配から解放され自立を実現し、自らの言葉、教育、文化、自然を守り育て、琉球人としての新たな生活を創造するべきなのです。

以上述べたような認識の下に、第二部では琉球の現状、民族とナショナリズム、独立運動といった観点から、なぜ「琉球独立」なのかについていま少し構造的に考えてみたいと思います。

第五章　植民地の実態

植民地としての琉球

『大辞林』は、「植民地」という言葉について次のように説明しています。

「ある国からの植民によって開発され、経済的・政治的に、その国に支配されている地域。武力によって獲得した領土もいう」

琉球を念頭において、この定義を言い換えると以下のようになります。

日本の植民者（日本企業、日本人移民）、アメリカの植民者（米軍人・軍属やその家族）が琉球を開発し、経済的・政治的に支配している。一八七九年、日本政府は武力を用いて琉球国の領土を奪い、アメリカは沖縄戦後、銃剣やブルドーザーを使って土地を奪取した。

アルノ・ナンタは、植民地主義を次のように定義しています。

「植民地主義は帝国主義全般の特別な一形態（即ち一種の膨張的な政策と支配の様式）と見なせるものだが、その核心は植民地化された人民を自らに還元不可能な他者として捉え、かつ宗主国の絶対的な軍事的優位を前提とした統治であったという点にある」（アルノ・ナンタ「植民地主義と（記

憶）闘争」『環』第49巻。藤原書店）

オスプレイ配備に対して琉球の全ての県市町村議会が反対決議をし、全自治体の首長が反対しているにも関わらず、配備を強行する行為は、琉球人を還元不可能な他者として認識し、宗主国の絶対的な軍事的優位性を強化しようとするものだといえます。

また、植民地について次のような定義もあります。

「資本主義制度のもとでの植民地とは、狭くいえば、特定の国家の支配下にあり、本国と平等の一部分ではなく、国家主権を奪いとられ、特定の制度にもとづいて全一的支配をうけている国である。さらに（社会的経済的意味をつけ加えて）広い意味での植民地とは、資本主義諸列強に政治的経済的独立を奪いとられ、これらの諸国の民族的支配をうけている国である」（大阪市立大学経済研究所編『経済学辞典』岩波書店）

琉球は、形式上、沖縄県という日本の一自治体ですが、琉球固有の領土は奪われ、琉球人の政治的地位を決める自己決定権の行使も認められませんでした。つまり、琉球は植民地です。

琉球を統治する特別法があり、長期にわたり過重な米軍基地が押し付けられ、沖縄県成立の根拠法である沖縄返還協定も日米の密約に基づいています。同協定の成立過程には、当事者である琉球人や琉球政府の参加が認められませんでした。国との関係が国際法で規定されたという都道府県は、沖縄県以外にはありません。沖縄「県」の成立は、琉球の植民地性を隠蔽する偽装工作ということもできます。

ところで、基本的人権の保障、平和主義、主権在民という日本国憲法の理念は、琉球では「復帰」

後ついぞ実現したことがありません。

日本人が圧倒的な数を占める国会では、琉球に基地を押し付ける特別措置法が制定されました。また、軍用地主から土地を奪う「沖縄における公用地等の暫定使用に関する法律」ができました。さらに、二〇〇〇年の地方分権一括法の一環として成立した「駐留軍用地特別措置法」によって、基地収用業務が国の直接執行業務になっています。

一九九六年、当時の大田昌秀沖縄県知事は代理署名を拒否して、最高裁まで日本政府と争いました。しかし、二〇〇〇年以降、国の執行業務になったことにより、沖縄県知事が基地建設のための土地収用を法的に拒否することはできなくなりました。


歴史からみると、日琉関係は本質的に対外的・国際的関係といえます。そうした関係の中で、日本の振興開発体制は日琉間に植民地主義を固定化したといえます。

琉球経済は、しばしば「依存経済」と呼ばれますが、そうではなく支配・従属経済という世界の南北問題の視点から考察すべきなのです。


さて、琉球が日米の植民地であることは、以下に要約した現実からもわかります。

歴史的現実

一六〇九年、薩摩藩の武力侵略を受けた琉球国は、同藩の間接統治下に置かれる。その後、一八七九年に日本政府は琉球国を滅亡させ、国王を東京に拉致し「沖縄県」を設置した。琉球国を日本国が併合し、琉球人の領土を略奪した。

沖縄戦で琉球は日本の「捨て石」となり多大な犠牲を強いられた。戦後、米軍による直接統治が始まり、一九五二年に正式に日本から琉球を切り離した。米軍統治を日本政府は認め、その植民地統治を補強する経済支援をした。一九七二年、日米両政府は当事者である琉球政府を排除して沖縄返還協定を締結し、日本政府が「沖縄県」を設置した。

「復帰」から現在までは、日米両政府共同の直接統治時代と呼べる。内政・外交面では日本国、軍事面ではアメリカ主導で琉球を支配している。イギリスとフランスの共同植民地であった太平洋のニューヘブリデス諸島（現在のバヌアツ）と似ている。アメリカは基地機能の維持・強化を目的として、日本政府から財政的、軍事的な協力を得ながら（日本政府を利用して）琉球を植民地支配している。

一九世紀の琉球併合、二〇世紀の「復帰」は、琉球人の住民投票（合意）を通じ、国際法上の正式な手続きに基づいて決定したものではない。

制度的現実

沖縄振興特別措置法、内閣府沖縄担当部局（旧沖縄開発庁）、沖縄振興計画、沖縄科学技術大学院大学、沖縄振興開発金融公庫、金融特区、特別自由貿易地域、北部振興事業・島懇事業等のように、琉球にのみに適用される法制度や組織が存在する。沖縄振興計画の策定には日本政府の最終的な承認が必要であり、事業の優先順位付けも日本政府が行ってきた。一九九六年以降は、振興開発を利用して琉球に米軍基地を押し付ける政策が顕著になった。

現在、琉球出身の国会議員は一〇人であり、国会議員総数七二二人の一%でしかない。形式民主主義制度を通じて琉球人の意志は無視され、基地の強制は日本人マジョリティの意志を背景として続いている。

二〇一二年から実施された一括交付金制度の実施過程には、日本の支配体制が貫かれている。交付金を受けるために企画書を作成し、各種の指導を受けなければならない。日本人のプロジェクト・マネージャーが指導的立場に立って企画書を審査し、アドバイスを行う。交付金が与えられるには短期的な売り上げの増加や、組織の法人化が求められる。それらは日本人プロジェクト・マネージャーの実績となり、キャリアアップにつながる。日本人が琉球文化を儲かる文化とそうでない文化に分け、短期的に利益を出せない文化は切り捨てられる。琉球諸語の復興活動に対する交付金支給の過程でも、日本人コーディネーターが指導的な役割を果たした。日本から移住した人々がこの交付金を利用して自らの起業資金にした事例も少なくない。一括交付金は琉球が自由に使える公的資金であると喧伝されたが、実際は日本政府、日本人が琉球、琉球人を支配し、管理するツールに堕している。

軍事的現実

日本政府は、全国土の〇・六%しかない琉球に在日米軍基地の七四%を押し付け、多くの琉球人の反対にも関わらず、辺野古新基地建設を強行しようとしている。米軍基地内は日本の法制度が適用されない治外法権地域である。琉球人の人権を侵す日米地位協定を日本政府は変えようとしない。近年、「島嶼防衛」を名目にして自衛隊基地の宮古・八重山諸島配備を進めている。日本政府は琉球を戦場、ミサイルのターゲットにして、日本の「抑止力」を維持するために琉球をこれからも犠牲にしてもよしとする、日米同盟体制を堅持している。琉球が日本の一部である限り、日本政府は合法的に米軍基地や危険な米軍機を琉球に押し付けることができる。

鳩山由紀夫元首相が在沖米軍基地の県外移設を公約として掲げた際、日本の自治体、国民の大部分はその受け入れを拒否した。米軍によって日本は守ってほしいが、基地は琉球においても構わないと大部分の日本人が考えていることが白日の下に晒された。現在の基地押し付けという差別は、過去四〇〇年にわたる琉球、琉球人に対する差別という氷山の一角を占めており、現在だけの問題ではない。琉球に対する差別が「構造的差別」といわれる所以である。

経済的現実

アジアの国々では民主化や経済発展が著しく進んだが、琉球には基地が強制され、日本に従属したままである。本来得られたはずの経済的利益が基地の存在によって奪われ、経済主権（経済政策・税制・予算等の決定権）は日本政府が握っている。日本政府が多額の公的資金を投じても、公共事業の約半分は日本企業が受注するなど、大半の公的資金は島外に流れた。「復帰」とは日本にとって琉球という新たな市場の獲得を意味する。日本の企業や製品が琉球の市場を席巻し、琉球の製造業、流通業、建設業等の企業を倒産させ、多くの失業者が生み出された。

これまで日本企業の誘致を目的にしたインフラ整備に重点をおいた振興開発が実施され、琉球企業の育成・保護を柱にした琉球人、琉球企業のための経済政策がなおざりにされた。

琉球では、外部から振興開発や民間投資の資金が投じられ、経済的利益が生まれても、その大半が島内で循環せずに外部に流出する「ザル経済、砂漠経済」つまり植民地経済が形成された。低賃金・不安定・重労働の労働条件下で働く琉球人も増えている。「復帰」体制下で一括交付金を含む振興開発資金がどれほど与えられても、日本政府への経済依存、基地の強制、日本の企業や日本人の支配がさらに進むだけである。

こうした現実は、日本国内の他地域でも同様だが、琉球人という異民族にとっては特別な意味を持つ。

教育の現実

一九五九年の宮森小学校への米軍機墜落、一九九五年の米軍兵士による一二歳少女の暴行、二〇〇四年の沖縄国際大学への米軍ヘリコプターの墜落等をはじめとした米軍の数多くの事件事故、米軍機の騒音や振動、といった社会環境の中で琉球の子供たちが教育を受けている。これは正常な教育環境とはいえない。また沖縄戦での日本軍による集団強制死の事実を文部科学省は教科書から排除しようとし、琉球人が自らの歴史を学ぶ権利を奪っている。琉球人は独自な民族であるにも関わらず、文部科学省の検定に基づく教科書、学習指導要綱に従うことが義務付けられ、自らの歴史、言語、文化を正課授業の柱として子供たちは学べない。

琉球の分断統治

一六〇九年以降、薩摩藩は琉球国から奄美諸島を切り離し自らの直轄領としました。琉球文化の基層で琉球と奄美諸島とは、言語、信仰、音楽等、多くの文化的な共通点を持っています。中でも沖永良部島と与論島は、沖縄島ととりわけ深い関係を有していました。沖永良部島と与論島の民謡は琉球音階であり、両島の言語は沖縄島北部地域の言語と共通しています。一六〇九年以降も沖永良部島と沖縄島との交易は続き、テーサン船（クミウバ）やマーラン船と呼ばれる平安座船が頻繁に両島間を往来していました。

薩摩藩は琉球弧を分断して、奄美諸島を直轄領とし、琉球王国には役人を常駐させ、王府を監視しました。これは「分断して支配する」という植民地統治の常套手段です。

ちなみに、同じような分断の関係に置かれた太平洋の島々として、サイパン島、テニアン島、ロタ島で構成される北マリアナ諸島と、グァム島があります。北マリアナ諸島とグァムにもチャモロ人という同じ民族が太古から住んでいましたが、一六世紀にこれらの島々はスペインの植民地となりました。その後、一八九八年の米西戦争でアメリカがスペインに勝利した後グァムは米属領となり、北マリアナ諸島はドイツに売却されます。さらに、第一世界大戦後北マリアナ諸島は日本の植民地になり、第二次世界大戦後は米国の信託統治領となります。

太平洋戦争で日本軍はグァムを侵略し軍政を敷きますが、その際日本軍は北マリアナ諸島のチャモロ人をグァムに連れてきて軍事活動に利用しました。それが原因となり、グァムと北マリアナ諸島のチャモロ人は互いに対立するようになります。同じ民族を対立させて統治する植民地支配の犠牲者といえるでしょう。

一九八六年に北マリアナ諸島は米国のコモンウェルス（準州）となりますが、現在でもグァムは北マリアナ諸島よりも自治度が低い米属領のままです。近年、米政府は原子力潜水艦や爆撃機の配備、海兵隊の移動等、グァムの軍事機能を強化しています。それが可能なのはグァムの自治権が弱く、米政府が一方的に政策を実施できるからです。要するに、米軍も日本軍と同じように、同じ民族が住む島々を分断して統治することで、島々を軍事戦略的に自由に利用しようとしたわけです。

さて、薩摩藩が分断した琉球列島の島々は、太平洋戦争後、ともに米軍の統治下に置かれ再び共通の歴史過程をたどります。奄美諸島にも米軍基地が設置され、一九五〇年から一九七三年まで沖永良部島には米軍地域防空戦闘指揮所の大型レーダーサイトが設けられていました。

幾重もの支配の綱で縛られたのが奄美諸島の歴史です。従属の関係性を断ち切り、琉球文化圏という文化的、歴史的、生態的な共通性を有する琉球列島の中で、奄美諸島の人々が真の自治を確立するにはどうすればいいのでしょうか。

ひとつだけはっきりといえることは、琉球王国時代のように王府があった首里を中心にして奄美諸島、宮古・八重山諸島を周辺とする中心―周辺システムが構築されてはならないということです。琉球列島には独自な文化、自然体系を有する大小様々な島々があります。島の価値は同じであり、住民も平等であることはいうまでもありません。

一九五三年の日本「復帰」以降実施された、日本政府や鹿児島県による奄美諸島に対する開発行政は失敗に終わりました。島の産業は衰退し、人口も激減し、島の環境も大きく損なわれました。琉球列島の島々が共有する文化的、歴史的、生態的な基盤を活かしながら、互いの島人が有する自己決定権を尊重し合い、島嶼間の文化経済交流を促して島の自立体制を補強し合う関係が形成できれば、琉球列島の新たな歴史を始めることができるでしょう。

抑圧装置としての米軍基地

琉球が日米の植民地であることを、最もよく象徴しているのが米軍基地の存在です。

米軍基地は琉球人を守るどころか、日常的に暴力を及ぼしています。琉球人に対する暴行といった直接的な暴力だけでなく、軍用機による騒音、戦闘機やヘリコプターの墜落事故、実弾演習等による山野火災等もやはり暴力ということができます。基地の周辺の学校では、軍用機の騒音で授業が中止になります。沖縄国際大学の学生もオスプレイが大学の上空を飛び窓ガラスに振動が走るたびに、「今落ちるのではないか」と恐れながら授業を受けていると、私に語ってくれました。

一九七二年から二〇一二年までの間に、米軍演習によって五四三件もの原野火災が発生しました。同期間中の米軍構成員の犯罪検挙数の合計は五八〇一件ですが、そのうち凶悪犯が五七〇件、粗暴犯が一〇四五件、窃盗犯が二八八四件となっています。また、二〇一二年における米軍構成員が第一次当事者として発生した交通事故は二〇〇件にものぼります。

二〇一三年六月、沖縄市サッカー場グランドを人工芝にする工事の最中、地中から複数のドラム缶が発見されます。ドラム缶の付着物や周辺土壌には、枯葉剤、ＰＣＢ、ダイオキシン類が含まれていて環境基準値の八・四倍にものぼる汚染度のダイオキシンも検出されています。この場所は、元々米軍基地であり、そこが返還されてサッカー場として利用されるようになり、琉球の多くの子供たちがそこでサッカーをしてきました。米軍は、毒物を投機した事実を琉球人に知らせずサッカー場として利用させ、何の措置も取りませんでした。一方、米軍基地が返還される際、土壌の汚染除去義務は日本政府が負っています。したがって、日本政府の責任も当然問われてしかるべきでしょう。

二〇〇四年、普天間基地所属米軍ヘリが沖縄国際大学に墜落した時、私はたまたま事故現場にいました。米軍は侵入禁止のテープを大学周辺に張り巡らし、米軍警察が現場検証をしました。沖縄県警、つまり日本の国家権力は事故現場に近づくことを許されず、日本国民を侵入禁止テープの内側に入れないという米軍の「後方支援」の役回りに徹していました。そして、現在に至るまで米政府は事故原因に関する報告書を日本政府に提出していません。アメリカが日本を対等な国家として見なしていない証拠です。

米軍基地内は日本の法律が適用されない治外法権地帯ですが、米軍関係の事件事故が発生するとその現場も日本の国家権力が及ばなくなるというのが現実です。日本は本当に独立国家なのでしょうか。

ちなみに、イタリアにも米軍基地がありますが、米軍関係の事故が発生するとイタリア政府が事故原因を調査します。米軍機による騒音が住宅地域に拡散しないように飛行回数、飛行経路、上昇角度等に制限が設けられ、リポーゾ（午後一時から四時までの昼寝の習慣）の間、米軍機はエンジンを切って静かにしているそうです（屋良朝博『砂上の同盟：米軍再編が明かすウソ』沖縄タイムス社）。琉球では、こうした配慮はまったくありません。夜間も米軍機が爆音を放ち、琉球人の睡眠を妨害しています。そして、そのような状態を許しているのが日本政府なのです。

米軍基地に関しては、日米地位協定が結ばれています。この協定により、米軍人・軍属、その家族は日本国内では日本国民よりも多くの権限を有しているのです。日米地位協定は、有体にいえば不平等条約です。明治の日本政府は、必死になって不平等条約を撤廃させましたが、現在の政府は日米地位協定が不平等条約であるという認識さえないのではないでしょうか。「自国民が他国民に比べて不平等に扱われているのは問題である」という、国家の統治者が当然持つべき感覚を喪失しているとしか思えません。

日米地位協定問題の本質とは、アメリカ国民やアメリカは日本および日本国民を対等な人間、国家として認識していないということにあります。日本をリスペクトの対象としてみなしていない。日米地位協定は、国民の人間性を貶める不平等条約です。これに怒らない日本人は、そもそも国家を語る資格がないのではないでしょうか。日本は自国民の尊厳や権利を守る国家としての基本的な要件を満たしていないのです。

二〇〇四年の米軍ヘリ墜落の現場には、笑いながらトランプに興じている米兵の集団がいました。二〇一二年のオスプレイ配備に対して琉球人が強く反対していた中、米兵のレイプ事件、少年暴行事件、民家への不法侵入事件が相次ぎます。琉球人の激しい抗議に、在琉米軍司令部は米兵の夜間外出や飲酒の禁止命令を出しますが、それも有効ではありませんでした。米軍当局が米兵を統制、管理できない状態が戦後七〇年近く続いており、米軍基地という統治機構は機能不全に陥っています。これまでも数限りない事件や事故を起こしてきた米軍は、琉球人にとっては自らを守ってくれる存在ではなく、逆に安全や生命を脅かす暴力装置でしかありません。日本人は、よく「米軍基地は日本の抑止力である」と主張しますが、その「日本」の中に琉球は含まれていません。

他国軍を自国内から撤退させてこそ、日本は真の独立国になれるはずです。フィリピン、イラクも米軍基地を撤退させたのに、なぜ日本はできないのか。琉球に基地を押し付けて自らは安全に暮らしたい、国家の責務（基地負担を自ら引き受ける）を果したくない日本人の無責任体質が今日に至るまで続いています。

自国民よりも他国民の方が法的に優位にあり、自国領土に他国軍を駐留させて、国や国民の主権が侵されている状況を許す人間が愛国者であるはずはありません。琉球に基地を押しつけ続けている日本政府および日本人は、無意識あるいは意識的に琉球と琉球人を差別しているのです。

余談ですが、二〇一三年一二月に成立した特定秘密保護法は、米軍基地が集中する琉球の人々を抑圧する手段として機能するでしょう。沖縄返還協定に含まれた密約の証拠となる公文書をアメリカが開示し、当時の日本政府担当者が密約の存在を証言したにも関わらず、日本政府は「密約はない」と言い張ってきました。つまり、日本政府は嘘をついていた。そのような政府が秘密を特定し、国民を罰する恐怖政治を行おうとしています。

特定秘密保護法の目的がその第一条に「我が国の安全確保に資する」と明記されています。しかし、琉球にとって基地は安全に資するどころか生命や生活を脅かす存在であることは明白です。基地に関する軍事機密はベールに包まれ、知る権利も与えられない。

このように、日常的に「機密の塊」に接する暮らしが強いられる中で、地元メディア、市民、研究者は様々な手だてを講じて基地の実態や訓練の情報の入手を試みています。二〇〇四年にキャンプ・ハンセンで戦闘訓練施設の建設が始まった際、周辺住民がやぐらを組んで監視活動を行いましたが、地元紙の取材に対し、内閣情報調査室は「不正取得になり得る」との見解を示します。世界中で事故が続いたオスプレイの配備計画も地元紙が一九九二年に報じましたが、国は否定し続けました。同保護法の条文や閣僚の国会答弁から考えると、こうしたことも安全保障上問題があるとして処罰の対象になりかねません。

基地の実態を知ることが処罰の対象になるならば、琉球人は自らの生命や生活を守れなくなるということです。そして、秘密を特定するのは日本政府です。防衛やテロ活動防止分野の秘密の範囲は極めて曖昧であり、恣意的な運用が可能です。同法の条文にも「その他の重要な情報」とあり、何が秘密に指定されるのかも国民には知らされない。琉球人は何が秘密かもわからないまま、秘密を漏らしたとして罪に問われる恐れがあるということです。したがって、反基地運動に対しても抑圧効果となるでしょう。

同保護法の成立は、アメリカにどこまでも従属し続けようとする日本の意思を端的に表していますす。一方、琉球にとっては、琉球人の反対を抑えてアメリカの言うままに辺野古に新基地を建設し、訓練や実験を行い、新型兵器を導入し、琉球を監視し管理する法律といえます。

民主党が政権を奪取した際、時の首相である鳩山由紀夫は米軍基地について公約として「最低でも県外」と宣言しました。しかし、鳩山がすぐにこの言を撤回し、その後迷走を繰り返したことは記憶に新しいところです。日本国総理大臣鳩山由紀夫の羽毛のごとき言葉の軽さ、政治家としての資質はさておき、このことが琉球大衆の潜在していたナショナリズムに火をつけたことは確かです。その意味で、鳩山は琉球に何がしかの「功徳」を施したといえるかもしれません。

第六章　琉球のナショナリズム

琉球ナショナリズム

『大辞林』では「ナショナリズム」を次のように定義しています。

「一つの文化的共同体（国家・民族など）が、自己の統一・発展・他からの独立をめざす思想または運動。国家・民族の置かれている歴史的位置の多様性を反映して、国家主義・民族主義・国民主義などと訳される」

ところで、本書で使う「民族」という概念は、言語・文化を歴史として共有する共同体のことであり、DNAに基づく「人種」ではありません。実際、琉球にも中国や日本その他の国に出自を持つ、あるいは混血の「琉球人」は少なからず存在します。そのあたりは、自らを単一民族であると主張する日本人とて同様です。

さて、第七章で詳述しますが、琉球民族は日本から独立を求める運動を琉球併合時から現在に至るまで継続しています。このことは、現在の日本人にはあまり知られていないのではないでしょうか。ともあれ、先の定義に照らすと、こうした運動はまさしく琉球ナショナリズムということができます。琉球ナショナリズムとは、琉球人であることにアイデンティティを認め、また現状の植民地状況から脱しようとする運動です。

一般に、自らのアイデンティティを実感できる対象として国や民族がありますが、継続されてきた日本の同化政策により、琉球人は「琉球人」と「日本人」という二重のアイデンティティを持つようになりました。

スピノザは、次のように述べています。

「人間は国民として生まれるのでなくて、生まれてのちに国民にされるのである」（スピノザ・畠中尚志訳『国家』岩波書店）

琉球人は日本人として生まれたのではなく、生まれた後に日本の学校教育、法制度等によって人為的に日本人にされました。しかし現在、琉球の植民地状況が明確になるにつれて、琉球人はアイデンティティに目覚め、ナショナリズムが形成されつつあります。

琉球ナショナリズムは、思想よりも本能、生理、習慣に基づいています。日本人が共有する歴史的経験を、琉球人はほとんど持っていません。例えば、明治時代以前に日本人の国民的行事といえるお伊勢参りに、琉球人は大衆的なかたちでは参加した経験がありません。つまり、日本神道の根源との関わりを歴史的に持たなかった。日本文化で中心的な位置を占める天皇やそれにまつわる歴史・文化に対しても、琉球人は異族としての位置に立っています。

琉球併合以降、学校教育、議会・参政権等、近代的な社会制度によって、琉球人の日本人への同化が進められました。その結果、沖縄戦で日本や天皇のために自らの命を投げ捨てて日本人であることを証明しようとした琉球人もいました。

ここで、私自身の来し方を振り返り、自らの中でどのように琉球ナショナリズムが生まれたのか述べてみます。

私は石垣島で生まれ、南大東島、与那国島、沖縄島で育ち、東京で大学・大学院を卒業し、以後グァム、パラオ、東京、琉球、静岡、京都、滋賀等で働いてきました。

琉球が日本に「復帰」したのは、私が小学校三年の年でした。当時、担任の教員は私たち児童に対して、琉球諸語を教室で話すと「方言札」を首からぶら下げる罰を与えていました。それ以降、琉球的なものを劣等視し、日本で作られた教科書に従って勉強し、優秀な成績をとれば「立派な日本人」になれると無意識的に思うようになります。私は受験勉強を終えて琉球を出る時に、「自分は日本人である」と意識し、東京での学生生活でも他の日本人と交流できると期待しました。しかし、東京で日本人と会話をすると、

「英語は流暢に話せるでしょう」、「基地がなくなったら経済が成り立たないんじゃない」などと、琉球人にとって非常にセンシティブな問題に対して、びっくりするくらい無神経な言葉を投げかけられることが一度ならずありました。

当時、私は琉球人学生が住む南灯寮で生活していましたが、他の寮生も同じ経験をしていました。誰からともなく寮生同士で琉球の歴史を学び合うようになり、寮祭の時にその成果を模造紙に書い

て寮の壁に張ったものです。また、寮生同士で討論会を開き、関東に住む寮生ＯＢや年長の琉球人を招いて「琉球とは何か」というテーマを立て、議論しました。私は琉球ではなく東京で、自分が日本人とは異なる存在、つまり琉球人であると他ならぬ日本人によって気付かせてもらったわけです。

確かに、大多数の日本人は生理的な差別感を持って、私や南灯寮生をはじめとする琉球人に接してはいなかったと思います。ただ問題は、日本人が琉球の歴史、文化、現状に対してあまりにも無知であり、無関心であることではないでしょうか。また琉球人の異族性を当然のものとして受け入れない、日本人の「単一民族意識」にも問題の原因があると思います。日本人とは異なる民族として扱われるべき存在が琉球人なのであり、琉球の歴史はそれを証明しています。

他方、私自身は学生時代に琉球人アイデンティティを強く主張せず、日本人と琉球人との間を揺れ、いろいろと理由を挙げて日本人であることをあえて強調することもありました。まさにアイデンティティ・クライシスに陥っていたのです。しかし、もし一度も琉球を出ないでそのまま島の中で生活していたら、日本人として生き、琉球が植民地状況にあることに疑問を持たず、琉球独立を考えなかったと思います。東京に出て、日本人という他者と出会い、葛藤し、衝突し、悩むことで自らが何者であるかを明確に自覚することができました。その意味で私は日本人に感謝しています。

さて、私はその後、太平洋諸島での研究やフィールドワークを通じて、いくつかの太平洋諸島では島民に琉球人がこれまで独自の民族（ネイション）として認識され、扱われてきたという事実を知ることになります。私にとっての研究とは、客観的な性格が求められると同時に、自己認識形成の過程とも重なりました。琉球や太平洋諸島を知ることと自己を知ることは同一の行為となりました。研究とアイデンティティ形成の相互作用は、私が琉球、日本、太平洋諸島に住み、働き、自己と他者との関係性が明確になるにつれて強固になっていきます。

一九九六年、私はスイスのジュネーブにある国連欧州本部で開催された人権委員会先住民作業部会に琉球民族として参加し、琉球の植民地状況を国際法に基づいて報告しました。また、世界の先住民族と交流し、自らの民族性を他の民族と比較しながら認識できました。なお、その時はアイヌ民族とともに国連に行ったのですが、アイヌ民族が日本国内での厳しい差別状況を打開するために国連を活用してきた経験からも刺激を受けました。早稲田大学の近くにあったアイヌ民族の料理店「レラ・チセ」で、アイヌ料理を食べ、アイヌの言葉や踊りを皆で学んだものです。アイヌ民族初の国会議員になった萱野茂から直接励ましの言葉をかけられ、心を強くした記憶があります。日本の中で民族として生きる厳しさと、人間としての誇りある生き方をアイヌ民族に教えられた思いでした。

私がグァムで二年間、パラオで一年間働いていた時、チャモロ人やパラオ人が民族として植民地支配に苦しみながらも脱植民地化運動を進め、独立国として国家を運営していく過程を直接体験します。それも自らの琉球民族としての意識形成につながりました。私の生まれた島、石垣島の半分以下の人口であるパラオは、一九九四年にアメリカから独立し、特に大きな問題もなく今日まで国家が存続しています。パラオは独立に際して、アメリカと自由連合盟約（コンパクト）という条約を結びました。それはパラオにおける軍事権をアメリカが掌握する代わりに、コンパクト・マネーという援助金をパラオに提供するという内容です。パラオの独立は完全独立ではなく、自由連合盟約という条約を結んだ特定の国との関係を重視した独立のかたちを選択しました。しかし、パラオは独立国として外交権を行使することができたために、アメリカ以外にも、日本、台湾、オーストラリア、韓国等、世界中の国から交渉を通じて援助金を受けることが可能でした。そして、それらの資金をもとにした国づくりを行なってきました。人口約二万人の国が独立国家として経済的に自立するのは非常に困難であり、世界の国々と友好関係を築きながら援助金を積極的に導入し、それを主体的に活用して国家運営を行なっています。

私はパラオ人と日常生活を共にしましたが、あるパラオ人国会議員が私の宿舎で次のように語ったことを覚えています。

「パラオという小国が地球上で存続していくために、私は一パラオ人として全身全霊で生き、政治をしている。日本やアメリカはパラオにとり対等なパートナーである」

その言葉は、今でも私の耳にはっきりと残っています。

日本国内でのアイヌ民族や国連での世界の先住民族との交流、太平洋諸島の人々、特にチャモロ人やパラオ人との出会いにより、私は民族を抽象的にではなく、抵抗の主体、国家形成の主体、生きている具体的な存在として認識できたように思います。

自分が異族であると気付いた琉球人には、その対応が二通りあるようです。

一つは、自らの異質性を表に出さず、日本人の行動様式、日本語の発音方法等を真似て、一歩でも日本人に近づこうとする対応です。それにより琉球内でエリートの階段を上れると信じられてきました。もう一つは、自らの異族性を深く掘り下げ、異質性を劣等視せず、自らの個性として受け入れることにより、日本人や他の民族と対等に生きていこうとする生き方です。

しかし近年、前者に括られる琉球人にも、モデルであった日本人が琉球に対して続けてきた歴史的差別、基地の強制という現代的差別を直視する中で、日本人と琉球人とを切り分けて考えるという人が増えています。日本人を、歴史文化や価値観を共有する同じ民族として考えないようになってきている。差別する民族と自己同一化する矛盾に悩み苦しむのを止め、自ら進んで民族が抱える植民地問題を直視し、それ解決しようとする。そうした活動や運動も、琉球ナショナリズムの顕れといえるでしょう。

琉球では、日常生活からナショナリズムが形成されます。すなわち、米軍基地の爆音、米軍人による殺人やレイプ等の事件・事故。それに無関心な日本のマスコミ、日本人。オスプレイを押し付け、新基地を強行配備する日本政府の振る舞いを見て基地反対運動に加わる過程で、琉球ナショナリズムは個々の琉球人の心底に根付いていきます。

日本ナショナリズムと琉球ナショナリズム

ここで、日本ナショナリズムと琉球ナショナリズムを比較してみましょう。

日本人には、外圧を通じて愛国心が鼓舞されてきた歴史があります。周知の通り、日本において近代国民国家形成の必要性が強調され、それを支える思想や運動としてナショナリズムが生まれた契機は、幕末の黒船来航という外圧でした。吉田松陰が黒船に乗り込もうとし、維新の志士が尊王攘夷や開国を論じるという、外圧への対抗過程の中で日本という近代国民国家が形成されました。

他方、琉球の場合は日本への併合過程でナショナリズムが生まれました。一六〇九年の薩摩藩侵略に最後まで抵抗し、処刑された謝名親方利山に琉球ナショナリズムの初発の形をみることができます。それに近代の琉球救国運動がつながっていく。日本ナショナリズムは近代国民国家の形成過程、琉球ナショナリズムは他国の侵略による滅亡の過程という局面で、双方のナショナリズムが生まれました。

昨今でも中国の海洋進出や尖閣諸島への圧力等で、日本のナショナリズムが高揚しました。一方、琉球では、自らの意志が無視され基地やオスプレイを押し付けられた時、琉球や琉球人としての存在、民族意識が目覚めます。

ところで、現在の日本ナショナリズムは、非常に奇妙なものです。中国や朝鮮半島に対しては大いにナショナリズムが発揚されますが、原爆投下や東京大空襲等、自らに致命的打撃を与えたアメリカに対しての大きな抵抗運動はなぜか起きません。日米同盟、つまり米軍基地に依存して日本を守ることを国防の柱とし、自国内に他国の基地があることについて疑問や反発を感じているようには思えません。

それはともかく、日本の安全保障政策は琉球人の犠牲を前提として立案されています。つまり、日本と琉球のナショナリズムは、そのベクトルが逆方向を向いているということです。そして、それはダイレクトに琉球の「独立論」に結びつきます。

一般に、日本のナショナリズムは安全保障論、歴史認識等の理論や概念に基づいて議論される傾向にあるようです。一方、琉球のナショナリズムは、日常的な米軍基地の暴力、そしてそれを許容している、というより押し付けている日本に対する反発など、実感を伴ったものです。「琉球とは我々そのものである」と考え行動する琉球人がいる限り、そして制度としての国家は滅亡しても民族が集い心を寄せる限り、抵抗運動の礎となる「琉球国」は確かに存在しているといえます。そして、そこから琉球独立への希望、さらに意志が生まれていくのです。

現在、琉球人は国家をもたない民族です。日本国のマジョリティは日本人であり、琉球人はマイノリティである。そしてそれが故に米軍基地が数の暴力で押し付けられた、と琉球人は考えています。繰り返すようですが、日本ナショナリズムと琉球ナショナリズムは異なります。前者は中国やアメリカ、ロシアといった覇権国と本質的には同様の、中心が周辺を支配する圧力装置として機能しているのに対し、後者はひとつの抵抗運動なのです。琉球のナショナリズムは、日米から抑圧・圧迫を受けながら形成された辺境ナショナリズムです。

琉球の「復帰」運動で、日本は「祖国、母国」として意識されました。しかし近年では、「沖縄差別」という叫びに象徴されるように日本を他者とみなし、その一辺境という受動的な位置付けから脱却し、自ら島の未来を創ろうとする人々の運動が展開されるようになってきました。

台湾のナショナリズム

先に述べたように、「人種」と「民族」は異なります。そして、隣国台湾について考える時、そのことを改めて認識させられます。様々な国家の思惑が複雑に絡んだ国際政治上の位置付け（台湾は中国の領土という政治的認識）にも関わらず、台湾はひとつの「国家＝民族」であると私は考えています。また、琉球にとって台湾は、歴史、文化、地政学的ポジションその他において、極めて親和性の高い「国」です。台湾について考えることは、琉球の独立に多くの示唆を与えてくれるはずです。

したがって、ここでは台湾のナショナリズムについて琉球のそれと比較しながら述べ、併せて琉球が置かれている現状を「独立」と絡めて考察してみます。

琉球ナショナリズムは、琉球人という民族を基盤にするエスノ・ナショナリズムです。琉球でエスノ・ナショナリズムが形成された大きな要因は、独立国家であった琉球王国が日本に併合され、その後日米の植民地支配を受けてきたという歴史的事実です。民族という属性の主張は、植民地支配からの解放を要求するための有効な手段のひとつであるといえます。

一方、台湾ナショナリズムとは、本省人、外省人、台湾原住民という個々の出自を超えた「台湾人」としてのアイデンティティを土台とする属地主義的ナショナリズムであると考えられます。その在り様は、規模こそ異なりますがアメリカとほぼ共通したものです。

琉球では、これまで国連、国際法を活用した独立運動が展開された経緯があります。他方、台湾は国連から排除されたことから、国連に期待を寄せるよりも国交のある国々との外交関係、独立主体としての国際的な政治的、経済的活動等を通じて実質的な国家形成を目指しました。

台湾が外交関係を締結している国の多くは小国ですが、小さな国だからこそそのメリットもあります。人口が少なく、面積が狭く、大国から離れた遠隔の地にある不利な条件を有しながらも独立した国から、独立する過程や方法等を相互に学ぶことができるはずです。特に太平洋島嶼国は台湾や琉球との共通点も多く、「アジア太平洋島嶼国連合」を形成できる可能性さえあります。

しかし、帝国主義国家は島嶼同士が対立し合う構図をつくろうとします。米軍基地がある琉球とグァムは、ともに大国の戦略的な駒として位置付けられています。琉球人の中には「基地を米国領土であるグァムに移せばいい」と主張し、弱者が他の弱者に犠牲を押し付けるような考えを持つ人もいます。しかし、グァムと琉球はともに植民地であり、弱者同士の対立は「分断統治」という植民地支配の戦略を促進させるだけです。

近年、チャモロ人と琉球人が互いの島を訪問してそれぞれの植民地状況を学び、ともに脱植民地化を目指して協力をするという市民運動が広がりをみせていますが、こうした「弱者連合」ともいうべき在り方は、今後の独立運動の進む道を示唆しています。

現在、中国の覇権主義的海洋戦略、台湾への圧力等を理由として在琉米軍基地の存在を正当化するような帝国の論理から脱却し「弱者連合」を形成できるかどうかという課題に、琉球と台湾は直面しています。帝国の欲望や地政学を排除し、それぞれのナショナリズムを基盤としながら連帯することによって、「東アジアの火薬庫」という危険極まりない状況から抜け出す契機を掴むことができるのではないでしょうか。

一九九九年、民主進歩党が発した「台湾の前途に関する決議文」の中に、次のような文言があります。

「台湾は主権が独立した一つの国家である。独立した現状を変更するいかなる場合においても、すべての台湾住民による住民投票によって決めなければならない」

次に「民進党綱領」の第一条と第六条をみてみましょう。

「台湾の主権独立、すなわち台湾が中華人民共和国に属せず、台湾の主権も中国大陸に及ばないことは、歴史的事実であり、現在の状態でもあり、また国際社会においても共通の認識となっていることである。台湾はこうした主権独立の事実に基づいて、新たな憲法を制定し、新たな国家を建設しなければならない。（中略）国民主権の原理に基づいて、主権が独立した、自主的な台湾共和国を建設し、新たな憲法を制定すべきであるという主張は、台湾のすべての住民による住民投票によって選択、決定されなければならないこと」

「『経済的、社会的及び文化的権利に関する国際規約（国際人権規約A規約）』が掲げる原則によれば、すべての人民は自決権を所有し、政治的地位を自由に決定でき、さらに経済的、社会的および文化的発展を自由に追求することができることになっている。そこで、台湾の前途について、台湾のすべての住民が自由・自主・普遍・公正・平等な方法によって、共同で決定すべきである。いかなる政府あるいは政府の連合体も、台湾の政治的帰属を決定する権利を持たない。（中略）台湾海峡両岸の問題は、すべての住民の自由意思によって自主的に決定すべきであって、国民党と共産党だけが『人民自決の原則』に反する形の話し合いによって解決することには絶対反対である」

台湾で多くの支持を得て八年間政権を掌握した政党が、独立、新憲法制定、住民投票の実施、国際法に基づく自己決定権行使を公的に主張してきた事実の持つ意味は小さくありません。台湾に国連や国連機関加盟の動きがあるように、琉球でも国連を通じた自己決定権行使の運動が進められてきました。

台湾ナショナリズムについて、若林正丈は次のように述べています。

「それは台湾が中華人民共和国を他者として認識したことを意味し、中華人民共和国からの圧迫・抑圧に対する対抗措置としての周縁ナショナリズムである。また『台湾自身の政治的主体性を確立して、諸帝国の中心に対する周縁としてのこれまでの受動的な歴史の軌道から脱却しようとする台湾住民の願望をイデオロギー化したもの』である」（若林正丈「台湾ナショナリズムの現在」若林正丈編『台湾総合研究Ⅱ民主化後の政治』アジア経済研究所）

「それはまた『台湾独立』の思想と運動、すなわち、台湾において独自の政治共同体、つまりはネーション（nation）が存在している、あるいはネーションを形成すべきであり、その共同体には国際社会において固有の名前と主権的地位が与えられるべきである、とする思想と運動である」（若林正丈「台湾ナショナリズムと『忘れ得ぬ他者』」『思想』第九五七号。岩波書店）

ひるがえって、琉球のナショナリズムも併合、同化、差別、人権無視、基地の押し付け等を日米から受けながら形成された周縁ナショナリズムです。琉球人は「沖縄差別」を叫び、統治国である日本を「他者」として認識し、受動的な歴史から脱却し、独立を目指す運動を続けてきました。復帰運動では日本を「祖国、母国」と慕ったが、基地負担を回避する日本人マジョリティの実態、オスプレイの強行配備等、現実を目の当たりにし、日本および日本人を他者と意識するようになりました。

台湾政府は中国との軍事衝突を避けるため（中国は台湾が独立を宣言すると同時に軍事進攻を行うという声明を出している）、正式な独立宣言こそしていませんが、世界の二二ヵ国と外交関係を締結して大使館を設置し、ODAの提供もしています。つまり、実質的には独立国として存在しています。外交関係の締結は他国による国家承認を意味しますが、特に台湾と太平洋島嶼国との経済、文化の交流過程は、琉球が独立する上でロールモデルとなるはずです。

なお、国民党政府が喜友名《きゆうな》嗣正《しせい》による琉球革命同志会等の琉球独立運動を支援していた時代と現在とでは時代背景が大きく異なっています。琉球が独立して中華民国に「復帰」するのではなく、台湾と琉球の独立を互いに支援し合う対等な関係性が構築されるべきです。その際、台湾と琉球が歴史的、経済的、外交的関係をもつ太平洋島嶼国は、台湾と琉球がそれぞれの独立性を高めるのに大きな役割を果たすはずです。

米軍基地の撤去を求める琉球と、米軍を中国の侵略に対する「抑止力」と考える台湾との利害は一見対立しているようにみえます。アメリカは、台湾関係法によって台湾防衛の権利を留保し、武器提供を明示しています。その一方、中国と台湾との緊張関係の平和的な解決を求めてもいます。ただ、在琉米軍基地の根拠法である日米安保条約や沖縄返還協定と台湾関係法には直接的な関係はありません。周辺事態法に基づき日本政府が米軍の後方支援をする場合でも、琉球から自衛隊が台湾に出動するとは安保条約や沖縄返還協定には明記されていません。したがって、在琉米軍基地が全廃されたとしても、台湾関係法が無化されることは考えられません。さらにいえば、台湾関係法でのみ台湾の独立性が保持されてきたわけではなく、台湾人アイデンティティや台湾ナショナリズムの形成、そして世界の国々との外交関係締結等、独立を求める台湾人自身の実践を通して台湾独立が実質化してきたという経緯があります。

中国の二〇〇五年発布「反国家分裂法」には、次のような条文があります。

「『台独』分裂勢力（『台湾独立』を目指す分裂勢力）が国家を分裂させるのに反対し、これを阻止し、祖国平和統一を促進し、台湾海峡地域の平和・安定を守り、国家の主権および領土保全を守り、中華民族の根本的利益を守るため、憲法に基づいて、この法律を制定する」

しかし、本当に台湾は中国の固有の領土であり、中国は台湾に対する領土保全を主張できるのでしょうか。琉球が日本固有の領土でないように、台湾も中国固有の領土とはいえません。独立後の台湾に対する中国の武力行使という脅し、その実施は国連憲章、国際人権規約等の国際法に明記された民族の自己決定権への明らかな挑戦であり、国際法からみれば台湾の方に理があることは明白です。

「国家建設（state-craft）」について台湾人研究者の呉叡人《ごえいじん》は次のように述べています。

「我々は、政治の現実的な構造的窮境において、このポリス作りの技術を修得し、研ぎ上げ、磨き上げなければならない。**我々は不公正な世界に、公正なるポリスを創り出さなければならない**」（太字は原文のママ。呉叡人「賎民宣言：或いは、台湾悲劇の道徳的な意義」『思想』一〇三七号。岩波書店）

周縁として帝国に抑えられた状況を打破するために、他の人類が行使してきた民族の自己決定権を台湾、琉球の人々は有しています。台湾は既にポリス作りの技術を磨き上げてきましたが琉球はどうするのか問われています。隣接し、周縁として扱われた歴史を共有する台湾と琉球は、互いに平等な立場で、それぞれの独立性、主権を認めた上で協力できる関係にあります。

琉球と台湾の「現状維持」（琉球に米軍基地を置き、台湾を独立国として国連に加盟させない）は、島嶼に本質的な平和をもたらしません。二つの島嶼における現状維持とは、「戦争」のリスクを常態化させ、帝国への従属性を固定化する体制でしかあり得ません。琉球、台湾の人々は、これまで合意（住民投票）に基づいて自らの将来、政治的地位を決める機会が与えられなかった。これは国際法違反であり、台湾、琉球の人々はこの不当性を国際社会に訴える当然の権利があるのです。

スコットランドのナショナリズム

ここでは、琉球の置かれた状況とはまったく異なる環境にある独立運動を紹介します。イギリスのスコットランドです。

コーンウォール、ウェールズ、スコットランドの人々は、もともとケルト民族です。イングランドのアングロサクソン民族とは異なった独自の文化、伝統、言語を有しています。イギリスの近代史は、イングランド人による「ケルト辺境」併合の歴史でもありました。「ケルト辺境」とは、ケルト人が人口で優越していたウェールズ、スコットランド、アイルランド、西南部のコーンウォール等を指しています。

イングランドがノルマン征服を経験する一一世紀には、スコットランドはすでに統一王国を形成していて、イングランド王権の攻勢に対抗しフランスと同盟を組んで独立を維持していました。映画『ブレイブ・ハート』は、一三世紀末にイングランドのスコットランド侵略に立ち向かったウィリアム・ウォレスを描いた佳作です。

一六〇三年、イングランド女王エリザベス一世亡き後、スコットランドのジェームス六世がイングランド政府の指名によってイングランド王ジェームス一世となり、同君連合（王冠連合）が成立します。この連合体制は、ジェームス一世がスコットランド王、イングランド王、アイルランド王を兼ね、共通の王の下に異なる政府・議会を持つというユニークなものです。例えていうなら、琉球王が日本・琉球連合の統一王になるような話です。ここでは詳述しませんが、このあたりの経緯には当時の国際政治その他が絡んでいて、非常に興味深いものがあります。ちなみに、ある王国の王ないしは王族が他国の王となる事例は、ヨーロッパではよくありました。その背景として、アジアと異なり民族間の差別意識が希薄であったということが考えられます。

その後、一七〇七年にグレイトブリテン連合王国が成立しますが、この王国成立にはスコットランドのイングランドへの併合、そして主権国家同士の合同という二つの側面があります。一五三六年のウェールズ併合、一七〇七年のスコットランド併合の後、イギリスの国名は「グレイトブリテン連合王国」となります。そして、一八〇一年にはアイルランド合同法が成立し、「グレイトブリテンおよびアイルランド連合王国」が樹立されました。

イギリス本国で、最初に独立運動の口火を切ったのはアイルランドでした。

第一次世界大戦中、ゲール（ケルト）文化の復興運動であるゲーリック・リーグ運動がアイルランドのナショナリズムに火をつけます。一九一六年、ダブリンで武装蜂起（イースター蜂起）が発生しました。その後、政治経済、文化等の諸分野でアイルランドの自立を模索した様々な運動体がナショナリズム政党であるシン・フェイン党に結集し、議会でも多数議席を獲得しました。一九二一年には、北部のアルスター六州を除く地域でアイルランド自由国が樹立され、一九四九年にアイルランド共和国として完全独立を果たしました。同時期にケルト・ナショナリズムは活発になり、一九三四年にはスコットランド国民党が設立されます。

一九六〇年代後半になると、スコットランド国民党、ウェールズ国民党が勢力を伸ばします。そして、一九七五年秋、イギリス政府は、「変化するわが国の民主主義：スコットランドとウェールズへの権限委譲」と題する白書で両地域に独自の議会を設置する方針を発表し、一九七九年に地方分権化法案をめぐる国民投票を実施しました。スコットランドでは投票者の五二％が賛成の意思を示したものの、全登録投票者の四割の賛成が必要という条件に達しませんでした。

一九九七年、スコットランドとウェールズで議会開設の是非を問う国民投票が行われ、両地域ともに賛成票が多数を占めました。それを受けて、ブレア政権はスコットランドとウェールズに独自の議会を認め、一九九九年にスコットランド議会が設立されます。二〇一一年、独立を主張するスコットランド国民党は、同議会の過半数以上の議席を獲得して政権を掌握し、独立を問う住民投票の準備に入ります。

そして二〇一二年、イギリス政府とスコットランド政府の間で、エジンバラ合意が締結されました。この合意は、スコットランド議会が独立を問う住民投票に関する法律を制定し、住民投票の結果如何に関わらず両政府はスコットランドの人々や他のイギリスの人々にとって最良の利益を考慮し、建設的に協力することを確認したものです。

二〇一三年、スコットランド議会で住民投票実施の法律が制定されますが、同年一一月スコットランド政府は全六四九頁に及ぶ『Scotland's Future:Your Guide to an Independent Scotland』(スコットランドの将来：独立スコットランドへのガイド)を世界に向けて発表しました。同書には、スコットランド独立の理由、独立までのタイムテーブル、将来像等が詳しく示されていますが、以下に要約して紹介します。


二〇一四年九月一八日に独立を問う住民投票を実施する。二〇一四年九月の投票結果を受けて独立に関する協議をイギリス政府と始める。二〇一六年三月二四日にスコットランド独立を実現させる。それまでにイギリス政府と独立に関する協議を終了させる。独立後、一二九番目のEU加盟国、一九四番目の国連加盟国となる。憲法草案を発表するとともに、二〇一六年五月に総選挙を実施し、独立後の政府を運営する政党を決める。

なぜイギリスから独立するのか。独立後、経済、税制、福祉、エネルギー、防衛、郵便等に関する権限を掌握し、北海の油田やガスという豊かな天然資源や人材を活用して今よりも経済発展が望める。二〇一一年度の一人あたり租税収入はスコットランドが一〇七〇〇ポンドであるのに対し、イギリス全体では九〇〇〇ポンドでしかない。他方、二〇〇七年度から二〇一一年度までのGDPに占める公的支出の比率はイギリス全体よりもスコットランドの方が少ない。多額の納税負担の割に公的支出が少ないという不平等な状態を独立によって変える。

現在、スコットランドで選出された五九人の議員がウェストミンスター議会に議席を有するが、それは全議員五九一人の約一〇分の一でしかない。スコットランド選出議員が一つの問題で同一の投票行動をしても圧倒的多数で否決されてきた。独立すればスコットランド選出議員の意志が無視されないですむ。

独立後の経済はどうするのか。二〇一一年のスコットランド全輸出の四六%はEU向けでありイングランドに依存していないので、独立後の経済活動に不安はない。現在、スコットランド産業は、飲食品製造、エネルギー、観光、生命科学、クリエイティブ産業等に強みを持ち、独立後これらの分野をさらに発展させる。エネルギー基金を設けて、北海原油やガスの収益を基金化し、将来の経済発展に役立たせる。ノルウェー、デンマークは小国であるが「独立によるボーナス」を得ている。両国とも福祉に力を入れ、経済も発展し、ハイレベルの生活水準を維持し、多くの雇用を生んでいる。デンマークの方がスコットランドより一二%生産性が高い。独立すれば経済主権を掌握し、スコットランド独自の社会環境に応じた経済政策を実施でき、生産性を上げることが可能になる。

エネルギー政策に関しては、二〇二〇年までにスコットランドの電力を再生可能エネルギーにする予定である。同地域内で新たな原発を建設せず、現在の原発も将来廃炉にする。

安全保障政策として、独立後NATOに加盟する。現在、スコットランド内に配備されているトライデントミサイルを独立後撤去し、核非拡散条約に調印する。陸、空、海を防衛する軍隊(常備兵一五〇〇〇名、予備兵五〇〇〇名)を設ける。

スコットランド政府は、同地域の文化の基層にあるゲール語が何世紀にもわたりスコットランド人の財産、アイデンティティ、歴史を形成してきたと認識している。独立後、ゲール語に公的な認知を与え、教育、芸術、メディア、テレビ等を通じて使用される機会を増やしていく。ゲール語を学び、話し、使う人を増やすために初等、中等教育でゲール語学習の充実が図られるだろう。

イギリスから独立しても完全にイギリスとの関係が切れるわけではない。スコットランドの元首は、イギリスの国王となる。オーストラリア、カナダ、ニュージーランド、ジャマイカのように、現在五三あるイギリスのコモンウェルスに加入する。貨幣もイギリスのポンドを使う。

余談ですが、映画『007シリーズ』で有名なショーン・コネリーはスコットランド出身であり、スコットランド独立論者としても有名です。二〇〇〇年にナイトの称号が英王室から授与された式典にも民族衣装のキルトを着用して出席しました。また二〇一四年九月の独立に向けた住民投票にも賛成票を呼びかけています。

人口（約五二五万人）、独立後の経済力を担保する生産性と資源、地政学的ポジションと安全保障、差別・迫害の歴史的総量、日英両国における民主制度の成熟度。同じ独立運動とはいえ、どの点をとってもスコットランドと琉球では、自らを取り巻く環境が大きく異なっています。スコットランドの独立運動は「いつでも望む時に独立できる」という環境下にあり、「豊かな地域のとても幸せな独立運動」ということができます。確かに、独立に関して「自分たちの租税収入がイングランドをはじめとする他の貧しい地域の福利厚生に使われるのはがまんならない」という非常に形而下的かつ具体的な動機があるのは確かです。

様々な意味で、スコットランドの独立運動を琉球にあてはめることはできません。それにも関わらず、敢えてここで紹介したのは、スコットランドのように恵まれた現状にあっても、言語をはじめとする自らのアイデンティティを「独立国家」というかたちで表現したいという民族的希求があるということを指摘したかったからです。

また、独立という政治運動はアジア・アフリカでの過去の出来事として、あるいは小さな島嶼地域等に限定されるものではなく、近代国民国家が形成された欧州諸国の現在においても展開されているという事実にも目を向けなければなりません。ややもすると日本では独立論が「理想主義的であり、机上の空論」と批判されがちです。しかし、そうではないことが日本とも関係が深いイギリスにあるスコットランドでの独立運動をみるとわかります。欧州地域では、スコットランドだけでなく、スペインのカタルーニャやバスク、ベルギーのフランドル等においてもそれぞれの国会の中で独立の実現が論じられるなど、民主主義制度の手続きを経ながら独立運動が展開されています。琉球も、世界の動きに目を凝らし、それらの運動と連携しながら独立への道を歩むことができるのです。

独立運動には様々な動機が付随しますが、最も大きなそれはやはり固有の歴史、伝統文化、そして自己決定という要素を基底としたナショナリズムなのです。

第七章　琉球独立論の系譜

琉球救国運動期の独立論

いうまでもないことですが、琉球の独立運動は私や私の仲間が始めたものではありません。繰り返すようですが、琉球独立運動は持続的に展開されてきました。

一八七〇年代から一八八〇年代にかけて琉球王の臣下は清国に亡命し、琉球併合を阻止しようとしました。そして、併合後は王国復興を目指し独立運動を行います。臣下の一人である幸地《こうち》朝常《ちょうじょう》は、一八七六年から柔遠駅《じゅうえんえき》（琉球館：福建におかれた琉球王府の公館）を拠点にして、北京、天津、上海、福州等を往来しながら、清国の援軍を求める琉球救国運動を展開しました。

幸地は一八七九年に天津で李鴻章と面会し、次のような内容の請願書を手渡します。

① 琉球が日本へ朝貢した事実はない。
② 琉球と福建との間の距離は四千里あるが、八重山諸島と台湾との間は四百里しかない。
③ 琉球国王が日本人の末裔である事実はない。

④ 尚寧王の拘禁事件は薩摩藩の武力でなされた。
⑤ 琉球には独自の神教があり、神を祀ってきた。それは日本に由来しない。
⑥ 琉球の冠婚葬祭は中国の典礼に則っている。日本の古制が琉球に残っていると主張するなら、逆に日本もまた中国のものとなろう。
⑦ 四八字母の琉球での使用を理由にした日本帰属論は、漢字が利用されている日本は中国に属すると主張するのと同じである。
⑧ 琉球では自らの言葉が用いられている。
⑨ 琉球は自主の国であった。

幸地は李鴻章に宛てた嘆願書に「生きて日（本）国の属人と為るを願わず、死して日（本）国の属鬼と為るを願はず」（後田多敦『琉球救国運動：抗日の思想と行動』出版舎Mugen）と記しています。琉球が日本に朝貢せず、清国と距離も近く、独自な信仰や言葉をもつ自主の国であったこと等を挙げて、日本の琉球併合の不当さや琉球国の存続を訴えています。

植民地統治府としての沖縄県は、旧王府の幹部を集め県職員になるように求めましたが大半の人々は固辞しました。旧幹部の一人である伊江《いえ》朝重《ちょうじゅう》は「抑も琉球国は、独立国なり、大和政府が、妄りに廃藩等の處分をなすべきものにあらず」（同上書）と答えたため警察に拘束されます。伊江は琉球国が独立国家であり、日本政府の併合は違法であると考えていました。琉球の独立を求める旧王府臣下のナショナリズム運動は、日清戦争まで続きました。

琉球併合直後、日本人として琉球独立を次のように提唱したのが植木枝盛です。

「夫れ琉球は独立せしむ可し。琉球を独立せしむるは有道の事にして開明の義に進むものなり。天下の勇ある者何ぞ為さざる可けん哉。(中略)亜西亜州の諸国の如きは力微く気弱きの因由あるにも拘わらず、欧洲各国の如く腕力武威を尊んで剪併侵掠の主義を行うことなく(中略)成る可く開明主義を進取すべく、成るべく正理に由ることを務むべく、大に進て限りもなき善良の世界を造るべし。(中略)琉球を独立せしむるは此理に合うものなり、此揆を得るものなり。琉球の如きは世界の各国に較べて其地大なること能わず、其人多きこと能わず、其力の亦強きこと能わずして古来十分に昌盛なること能わず、今日に至ると言も亦仍を甚だ微弱にして、純然克く独立して強固に存立すること或は難かるべきや否や知らざる也。琉球も亦一個別立の地にして、天孫氏以下諸氏数代の如き各々之に王として政を施し一国の形を為したることもあるものなれば徒に土民の渙散せる一島嶼のみとは云うべからざるべく、多少の保護を為して独立せしむるものならば必ず独立すること能はざるものにはあらざるべく」(植木枝盛「琉球ノ独立セシム可キヲ論ズ」『植木枝盛集第三巻』岩波書店)

植木は琉球併合の二年後である一八八一年に『愛国新誌』に上の文を寄稿しています。近代日本で明確に琉球独立を主張した知識人は植木だけではないでしょうか。植木は、琉球を日本とは別の独立国家として認識していました。「正理」に基づいた「善良の世界」をつくるために琉球独立を求めています。しかし植木の琉球独立論は、現在に至るまで日本のアカデミズムや論壇の中で黙殺されてきました。

米軍統治時代の独立論

一九四六年、日本共産党は沖縄人連盟全国大会に次のような「沖縄民族の独立を祝うメッセージ」を送っています。

「日本の天皇制帝国主義の搾取と圧迫とに苦しめられた沖縄人諸君が、今回民主主義革命の世界的発展のなかに、ついに多年の願望たる独立と自由を獲得する道につかれたことは、諸君にとって大きな喜びとされるところでしょう」

日本の圧政から米軍が琉球人を解放してくれるとの期待がこのメッセージに込められています。しかし実際には、米軍は琉球人を解放するどころか、新たな圧政者として君臨し、琉球を軍事植民地にしました。

戦後間もなく、琉球にもいくつかの政党が誕生しました。一九四七年、仲宗根源和《なかそねげんわ》の指導の下に結成された沖縄民主同盟は、政策目標の一つとして独立共和国の樹立を掲げました。また、沖縄社会党はアメリカの信託統治領化を求めました。アメリカの民主主義制度と経済力に頼りながら独立する方針を掲げたのは、共和党と琉球国民党です。なお、琉球国民党は一九六五年に国民党内閣の構想を示しますが、その中には内閣顧問として、「自治は神話である」と述べたポール・キャラウェイ元高等弁務官の名前が挙がっていました。

一九四七年には奄美共産党が創立され、奄美人民共和国憲法草案が採択されました。奄美共産党の行動綱領には、奄美人民共和国政府の樹立、奄美人民共和国憲法の制定が含まれています。それとともに日本に人民共和国が成立した際には、日本共産党へ合流することが明記されています。ちなみに、同共和国憲法草案には、次のような記述がありました。

「我々二十二万の人民は、ポツダム宣言の趣旨に沿って、平和と自由と民主主義の原則を基礎とする独立国家をつくり、占領軍の理解の下に、世界の平和国家の援助を得て、理想的な永世中立国家を樹立して二十二万人民の平和と繁栄をはかりたい。我々は、日本本土がポツダム宣言の誓約通り、真の民主主義国家として再出発した時は、相互理解の上に立って、同一民族として統合国家または連邦制国家をつくることを究極の目的とする」

奄美共産党の独立論は、先に日本共産党が主張した「沖縄民族独立論」、および米軍の「解放軍規定」の影響を受けたものです。一九四八年八月に日本共産党が「沖縄民族独立論」から「沖縄日本復帰論」へと転換するとともに、奄美共産党内でも奄美人民共和国政府樹立の行動綱領を否定する意見が主流となりました。

琉球王府は武力を用いて奄美諸島を王国に統合し、周辺に位置付けました。奄美独立論者は、日本だけでなく琉球からも離脱しなければ、奄美諸島独立が達成されないと考えていました。

その後、日本復帰運動が盛んになる中で「復帰」に反対を唱え、現状維持または独立を主張する勢力がありました。その主な団体は「沖縄人の沖縄をつくる会」と「琉球議会」です。前者には約三千人、後者には約二七〇〇人が入会しています。その支持層の多くは、零細な自営業者や職人層でした。農家、官公庁役人、教職員は、日本政府から復帰特別措置の恩恵を受けられるが、自らはその対象から除外されると懸念して現状維持または独立を求めたわけです。

琉球経済界の中でも「復帰」への対応は異なりました。例えば、国和会や大扇会等は総合建設業を主体とした民族企業グループであり、公共事業を請負い、琉球に進出する日本企業の下請けになって利潤が増える見通しがありました。しかし、琉鵬会、琉展会等の民族企業グループは製糖業、パイン製造業、食品加工業を主体とした企業集団であり、日本企業の製品との競争にさらされる恐れがありました。琉展会会長の宮城仁四郎は「沖縄人の沖縄をつくる会」の役員でもありました。

米軍統治がつくりだした擬似国家が有する様々な産業保護策を、琉球人は主体的に活用し琉球人主導の企業発展が実現しました。そのため、「復帰」を境にして多くの日本企業が琉球に自由に進出することにより、戦前の琉球のように経済的な従属状態に陥ることを危惧する琉球人がいました。

一九六九年に朝日新聞のインタビューを受けた照屋敏子の琉球独立論を次に紹介しておきましょう。照屋は宝石、珊瑚、ワニ皮の加工販売会社の社長でした。かつて照屋は九州で漁業団を組織しますが、「沖縄式漁法」が禁止されたためシンガポールに移住し、その地で「女長政」と呼ばれて活躍した人物です。照屋は次のように述べています。

「沖縄の島はあんた、あくまで琉球人のものですよ。かつては琉球王国だったんだ。それを日本が母国であるかのようにいう。いまさらなんだ。復帰になれば日本（本土）の資本がはいる。沖縄といったって、中身はぜんぶ日本人が経営する（日本の）植民地になる。よしてくれというんですよ。私はね、絶対に独立論ですよ」（朝日新聞社編『沖縄報告』朝日新聞社）

照屋の独立論の背景には、かつて琉球が国家であった歴史的事実と、日本資本の経済支配が「復帰」後に再現されることへの恐れがあります。照屋が危惧したように現在、琉球は日本企業が支配する経済植民地となっています。

「嘉手納の基地はね、爆音がひどいからあれはどこかに持って行って下さいだ。B52なんかはね、あんなものはね、どこか無人島に持って行けばいいんですよ。なにも沖縄の本島内になくたってていいんだ。沖縄が独立すればその話合いが国連の場でできるんですよ。沖縄の代表を国連に送って（中略）あんなもの（B52）日本に持って行けばいいんですよ。私はいいますよ、ああ、日本に持って行け。君たち（と、記者をにらむ）が戦争をしたんじゃないか、と。こんな狭い所にあんな大きなことをする飛行機を置いたら困る、と。冗談じゃない、と。その上、民族までさ、卑下してしまって、バカにされてさ……」（同上書）

照屋は、米軍統治時代に基地の「県外移設」を主張しました。独立後、国連と交渉して基地を必要とする日本に移す。照屋は基地撤去を独立の目的にしました。そして「沖縄人は骨くされが多い、惰民になりさがった」と嘆き、「土にまみれて働けば独立できる」ことの生証人になるため、がむしゃらに働いていると述べています。「くやしかったら私を真似てみろというの。大地に足をふんばって働けというんだ。ちり捨場から、くそからはじめろというの。ちりと泥の中に皆が手を突込めるようになった時、沖縄は独立できる。沖縄の建設がはじまるんだ。他力本願では何が生まれますか」（同上書）

照屋の独立論は政治家、学者、文化人等が唱えるそれとは異なり、日本やシンガポールにおいて一身で経済的に独立した自らのしたたかな経験が土台にあり、琉球人に勇気を与えるものでした。

「復帰」後の独立論

宮古島生まれで、アメリカのイリノイ大学教授であった平恒次の専門分野は、労働経済学です。米軍統治時代から現在まで、一貫して琉球独立を主張してきた琉球人です。平は次のような「全世界的琉球精神共和国論」を論じましたが、琉球共和国の構成員として琉球列島に住む人々だけでなく、世界中で生活する琉球人を含めている点が平の独立論の特徴です。

主権国家になって得られる特権は領海権であり、入漁料、船舶の通過料等を財政収入源にできる。そして、国際的金融業、国際的流通業、医療保険福祉サービス業等を自由に展開する。島嶼国家は経済自立が困難であり、世界の各地に住む琉球人が琉球の経済発展に協力する必要がある。琉球と世界各地に定住する琉球人を結ぶのが、琉球に対する愛着、「世界的琉球精神」である。

また、島嶼内の経済自立化について、平は次のように考えていました。

現在、琉球の労働者は能力不相応の高賃金を得ている。地価は機会費用不相応の軍用地代に牽引されて高水準にある。面積が狭い琉球では、インフラ整備の過程で「規模の経済」が働かず、その際の単価が高くなる。日本政府の補助金で高賃金、高いインフラ整備費の維持が可能になっていた。経済自立を達成するには「日本依存謝絶計画」を作成し、経済非常事態を全琉球的に宣言し、賃金相応の生産性を上げるべく様々な工夫を凝らさなければならない。補助金依存は琉球経済の構造的問題であるが、補助金を日本政府に返上して独立を図るには琉球側の自助努力が求められる。

さて、「復帰」して一〇年が経過すると、基地負担や日本主導の開発への疑問から、日本と琉球との関係のあり方を根本的に問う議論が独立論と結びついて登場します。

一九八一年の『新沖縄文学』四八号は「琉球共和国へのかけ橋」を特集とし、琉球共和社会憲法C私（試）案、琉球共和国憲法F私（試）案が掲載されました。琉球独立学史で重要な論考の一つである平恒次の「新しい世界観における琉球共和国」、高良勉《たからべん》の「琉球ネシアン・ひとり独立宣言」も同誌に載っています。翌年の『新沖縄文学』五三号は「沖縄にこだわる―独立論の系譜」を特集し、沖縄人連盟、沖縄民主同盟、宮古社会党、琉球国民党、琉球独立党、ふたば会等の独立論を提唱した政治団体に関する論文が収められています。

また、琉球社会が急速に近代化して、琉球的な生き方が変貌を遂げつつあることに警鐘を鳴らし、太平洋島嶼をモデルとする独立論も提示されました。平安座島《へんざ》のCTS開発に反対する琉球弧の住民運動の人々は、同じくCTSの建設計画があったパラオの人々を琉球に招き、協力し合いながら反対運動を進めました。パラオが一九八一年に自治政府を樹立した際、住民運動のリーダーであった安里清信《あさとせいしん》が同地に赴き、記念式典に参加しました。安里は人口二万人弱のパラオをみて、琉球独立を唱えるようになります。同年、高良勉はパラオや他の太平洋島嶼の独立と琉球独立を結びつけた「琉球ネシアン・ひとり独立宣言」で次のように述べました。

「一九八〇年一月一日をもって、私は日本国・沖縄県民としての義務と地位を一切放棄し、琉球ネシア共和国連邦に加わり、新しい人間＝琉球ネシアンとしての自立革命に起ち上がる」

現在のパラオ、ミクロネシア連邦、マーシャル諸島、北マリアナ諸島が日本の委任統治領であった時代、多くの琉球人がミクロネシア諸島に移住し生活した歴史を、ミクロネシアの人々と琉球人は共有しています。

ところで、高良による琉球独立の歴史的な原点は琉球王国時代ではなく、一万数千年にわたる琉球の先史時代にあります。高良によれば、琉球人は先史時代に自然と調和して祭りと文化を育み、海洋民族となったといいます。琉球ネシア共和国は、海洋を活動の拠点とし、太平洋諸島との連帯を目指すとされています。高良は、琉球を構成する島々の特性と、人間と生態系との強い関係性を重視し、自給自足度を高め、海を基盤とした第一次産業と貿易中継を柱とする琉球国の将来像を示しました。

「二万人弱のパラオが非核憲法を制定し独立しようとしている。人口一〇〇万余の琉球ネシアがどうして独立できないことがあろうか」と高良は述べ、まず自ら一人で独立を宣言しました。高良は琉球弧の住民運動に参加しますが、運動の中で琉球社会の変容に危機感を覚え、琉球独自の生き方を独立論として訴えました。

次に、日本人である原田誠司、安東誠一、矢下徳治等の沖縄経済研究会による「沖縄経済自立の構想」を紹介します。

「復帰」後の琉球は、基地経済の強化、日本資本への従属化と経済的非接合化、過剰労働力問題の深刻化等の特徴を持ち、周辺資本主義化が進むことにより「低開発の発展」の状況が顕在化した。琉球経済の非自律的、非工業的周辺経済化は、琉球人を収奪や抑圧・差別の構造に陥れ、琉球は日本の内国植民地になった。この従属化を打開するには次の方法がある。

① セネガルの経済学者、サミール・アミンが論じた「世界資本主義経済からの離脱」の理論を琉球に適用する。日本から独立して周辺資本主義分業を拒否し、アジア太平洋圏で新たな分業関係を構築する。

② 琉球を差別する日本国家を解体するために、琉球人は少数民族としての自己認識を持ち日本国内の他の少数民族、社会的弱者、革命家と協力して闘う。

③ 琉球独立の主体は琉球民族ブルジョワジーや特権的公務員ではなく、共同体民衆であり、琉球共同体社会主義が目指すべき理想となる。

世界の植民地構造を経済的に分析した従属論は、第三世界で形成されました。その従属論を琉球に適用して琉球が抱える問題を世界的視点で認識し、琉球の民衆を島嶼問題解決の担い手として位置付けていることは評価されてもよいでしょう。しかし、②や③のように、日本との「連帯」のあり方や独立の方法と目標を日本人が提示するという植民地主義的感性に気付いていません。日本と連帯するかどうか、どのように独立するのかに関する決定権はあくまで琉球人が握っているのです。

一九九五年に発生した米軍人の少女暴行事件を契機として、基地反対運動は以前にも増して激しくなりました。そして、二〇〇二年に日本「復帰」三〇周年を迎え、日本「復帰」の功罪を検証する議論が活発となり、琉球独立関連集会の開催、書籍の出版が相次ぎました。また、琉球人を先住民族と位置付け、日米両政府の不当な琉球支配を国連等の国際舞台で訴えました。世界の先住民族とネットワークを構築する若い世代を中心とした団体も活動を本格化していきます。

二〇〇五年、琉球住民のアイデンティティに関する意識調査が行われました。調査結果によると、住民のうち自らをウチナーンチュ（沖縄人）と意識している人は全体の四〇・六％、日本人は二一・三％、ウチナーンチュでありかつ日本人は三六・五％でした。独立すべきと答えた人は全体の二四・九％、独立すべきではないと答えた人は五八・七％、地元住民が決めるべきと答えた人は二・八％でした。なお、独立すべきでないと答えた理由として「沖縄は日本の領土だから」を挙げたのは一割程度です。「自立能力」の不備を独立反対の理由としたのは二七・八％でした。「経済自立」に見通しがみえたなら、半分以上の人が独立に賛成すると予測されます（林泉忠「辺境東アジア：躍動するアイデンティティー」『沖縄タイムス』二〇〇六年一月一〇日）。

「復帰」して四〇年になる二〇一二年、私は『琉球独立への道』を出版しました。同書では太平洋諸島、南アジア諸国、スコットランド等の世界における脱植民地化の過程を検討し、国際法に基づく琉球人による自己決定権行使の可能性を考察し、琉球人がネイションであることを論証し、これまでの琉球自治論の限界を指摘した上で、独立後の構想を提示しました。同書の特徴は、独立論を文化、思想だけでなく、他の植民地や独立諸国との比較を通して政治経済的にも琉球独立の可能性を検討し、また国際法や国連を活用した脱植民地化運動やその具体例を論じ、琉球の反基地運動、反開発運動を日米からの攻撃への対処療法に終わらせない、「居酒屋独立論」を超える独立論を展開したことにあると自負しています。

私の琉球独立論の基底には、幼少期に石垣島、南大東島、与那国島という米軍基地がない島で育った経験があります。基地がなくても島として自立できる、島の生活は貧しくない、といった島の日常的営みが原体験としてあり、琉球人が島を運営するのは可能であるとの確信に至りました。また、独立を求めるグァム、ハワイ、ニューカレドニア、仏領ポリネシア、そして独立後のパラオをはじめとする太平洋島嶼国での生活やフィールドワークによって、独立が夢物語ではなく、現実的な選択肢であると身体を通して理解しました。

二〇一三年、真久田正《まくたただし》の『沖縄独立研究序説』が発刊されました。本書は、琉球独立・自立の論争誌『うるまネシア』の創刊号（二〇〇〇年）から九号（二〇〇八年）まで毎回連載された真久田の文章をまとめたものですが、国家、民族、独立を本源的に問い、独立の過程や独立後の経済のあり方を具体的に提示しています。それは、海を愛し、詩人として生き、そして実業の世界での経験も豊富な著者の生き様を土台にした独立論です。琉球の独立論は一つではなく、琉球人一人一人によって異なる多種多様な内容を持っています。真久田は保守や革新という既成の枠組みにとらわれず、自由な立場で、他者の言葉ではなく、自らの頭で考えた独立論を示していて、それが本書の大きな魅力となっています。

真久田は次のように述べています。

「沖縄の独立というのはそう遠い未来の話ではなく、もっと身近なことであり、みんながその気に

なればいつでも実現できるのだ」（真久田正『沖縄独立研究序説』Ryukyu企画）

日常の話題と関連させながら独立が論じられ読みやすい文体でもあることから、直接著者のそばで琉球独立の話を聞いているような、人間的な親しみやすさがあります。

八重山諸島の先輩でもある真久田は、私が大学院生の頃から近年に至るまで常に琉球独立に関する社会科学的な研究の必要性を力説していました。残念ながら、真久田は二〇一三年一月急逝しましたが、私はその一月前に宜野湾嘉数にある琉球館で会っています。その時、二〇一三年五月に発足した琉球民族独立総合研究学会に大きな期待を寄せ、「自分も学会で議論したい」と語った真久田の笑顔がいまでも忘れられません。

本書は私にとって、真久田の遺言ともいえるものです。琉球独立を理論的、思想的、政策的に深め、独立を実現するという真久田の課題を私も継承したいと考えています。日米の植民地支配下に置かれた琉球人が人間としての誇りや権利を取り戻すために、琉球独立学会で多種多様な独立論を出し合い、真摯に議論を積み重ねて、独立後の将来像を琉球人自らの手で画きたいと思うのです。

近年では、新川明が次のように琉球独立を明確に主張しています。

「国民国家に繋ぎ留められて植民地支配下に苦しむマイノリティが、『自己決定権』の確保を目指して闘い、自らの主権を確立する当面の形は、『民族』の『独立』だと考えており、日本国という国民国家の中の琉球・沖縄の現状がまさに植民地支配下で苦しむマイノリティの姿そのものである。現下のこの状況において、『自己決定権』の確保を求めて闘う運動の、もっとも先鋭な政治的主張

が『独立』論である」(新川明「続『琉球独立論』をめぐる雑感：新城郁夫氏の『疑問』に答える」『うるまネシア』第一七号)

「『独立』を目的化し、その達成をもって完結させるのではなく、どのような国＝共同体にすべきかを不断に問い直していくことの大切さを問うているのである」(同上)

新川は、ナショナル・マイノリティの琉球人が自己決定権の行使を目指して闘う運動として琉球独立を認識しています。その際、独立を目的化し、完結するのではなく、国家の暴力性を越える、共同体としての国づくりが琉球人にとってより重要であると力説しています。独立の自己目的化に警鐘を鳴らし、何のための、誰のための独立であり、琉球人が自由・平等を実現するにはどのように国や地域をつくるのかという問いを発し続けながら歩むべきである、と新川は琉球独立の在り方に琉球人の関心を向けようとしました。

二〇一三年五月一五日、琉球民族独立総合研究学会が発足しました。五月一五日は「復帰」の日でもありますが、いつまでも日本への帰属を「祝っている」場合ではなく、新たな道を歩む強い意志を込めてこの日を学会発足の日としました。

琉球独立に関する学会設立は、世界史上初めてです。同学会には、日常的に脱軍事基地化、脱植民地化に関連した活動をしながら、独立を主張し、運動する約二〇〇人が学会の会員になっています。同学会の趣意書には、次の言葉があります。

「本学会の会員は琉球の島々に民族的ルーツを持つ琉球民族に限定する。本学会は『琉球民族の琉球民族による琉球民族のための学会』である。（中略）学会の担い手となるのは琉球の独立を志す全ての琉球民族である。学問は一部の研究者に限定されるべきものではない。琉球民族という当事者が直面している植民地主義の諸問題を分析し、それを解決するための思想や方法について検討し、議論を行い、実践する過程で学問が生まれ、深化し、琉球民族が真に解放されるのである」

二〇一三年一〇月二六、二七日には、沖縄大学において同学会の第一回大会・総会が開かれました。そこでは「琉球独立とアイデンティティ」「琉球独立と法・政治」「琉球独立と歴史・知識」「琉球独立と人材育成」「琉球独立とアート・信仰」というテーマの各セッションで琉球人が報告し、議論をしました。また、グァムのチャモロ民族、台湾のパイワン民族を招き、オープン・シンポジウムとして「グアム・台湾・パラオから考える琉球独立」が開催されました。両日とも総括討論の時間が設けられ、琉球独立の研究と実践について会員同士で話し合いました。

同大会の特徴は、オープン・シンポジウムを除き、会員のみが各セッションに参加することにあります。自己決定権を行使する法的主体は、民族としての琉球人です。琉球の新たな政治的地位を決定する住民投票に参加できるのは琉球人です。つまり、研究の主体と脱植民地化運動の主体との一致が同学会の柱になっています。研究主体と運動主体が分離すると支配従属関係が生まれ、琉球の植民地主義が再生産される恐れがあることから、敢えて研究と運動の主体を琉球人としたわけです。

しかしながら、同学会は内に閉じた組織ではなく、独立を目指すグァム、台湾、ハワイ、ニューカレドニア、仏領ポリネシア等のアジア太平洋諸島、およびスコットランド、カタルーニャ、フランドル、バスク、コルシカ等欧州各地域、そして独立国となった太平洋島嶼国等の人々と研究交流を行い、学会の研究成果を踏まえた上で国連の各種委員会、国際会議に参加し、琉球独立の世界的な運動等を展開していこうとしています。

琉球独立を具体的、客観的、国際的に議論し、研究成果を積み上げ、それを実践活動につなげて琉球の脱植民地化を進めていくことが同学会の主旨です。

琉球が日本の一部のままでは、様々な犠牲を押し付けられ、植民地体制が続くでしょう。学会での議論や活動を通じて、琉球に跋扈する植民地主義を琉球人自らで打破する平和運動の始まりであると自負しています。

平恒次は、二〇一四年二月に宮古島で開催された琉球民族独立総合研究学会の第二回大会とシンポジウムに際して次のようなメッセージを送っています。

「琉球民族独立総合研究学会が『宮古島から琉球独立を考える』シンポジュームを、宮古島で催すに当たって、松島泰勝先生からメッセージを要請され、大変喜んでいます。

私は宮古の皆さんが、どの程度琉球独立に関心を持っておられるか全く存じ上げておりません。ただ、宮古出身の私が琉球独立に賛同しておりますので、シムポにお出でになる皆さんも同じ気持ちでおられるであろうという単純な想像で、ご挨拶申し上げることにしました。

歴史上宮古諸島は、八重山諸島とともに、新しい王国を形成する一歩手前まで来たことがあります。それは、琉球処分直後、中国への朝貢国であった琉球がこの処分に抵抗して琉球王国復興のために中国の援助を求めたことに端を発し、日中交渉の紛糾から脱する方法として、琉球国を二分し沖縄諸島を日本の領有とし、両先島を中国の領有とすることで日中間の合意が得られた時でありま す。中国や日本の思惑どうりにいけば、宮古と八重山に新しい王国が形成されたはずであります。

上記の分島案は沖縄の旧支配者層の反対で、脱清人の悲劇を伴いながら、立ち消えになりますが、私が学会の会員諸氏に教えていただきたいことは、新国家の主人となったはずの宮古、八重山の人々がこの幸運にどう反応したか、ということであります。

沖縄の旧支配者層は、宮古、八重山は一国を支えるには狭隘過ぎるとして、中国の援助で沖縄諸島を取り返すべく使者を福州へ送ることにしました。旧三司官富川親方が推挙され、福州に向う途上宮古に寄港し時局の説明をしたところ、島内の旧官吏、役人等は『これは大いに望みがある。もし嘆願の筋が容れられないでも、宮古八重山は建国に至るであろう』と富川親方を歓待して送った、ということであります（『宮古史伝』新版）。時代は明治一五年旧三月、琉球処分から三年。

上記のエピソードの真偽を確定できないことは残念ですが、皆さん御研究中の琉球独立は、はるかに高い信憑性があることでしょう。琉球万歳！」

一八八〇年の分島改約を日清両国が批准していたら、宮古諸島は八重山諸島とともに独立国になる可能性がありました。琉球独立の議論は、琉球全体で行うべきであることを平のメッセージは改めて気付かせてくれます。第二回の独立学会大会では「沖縄島よりも先にまず宮古島が日本から独立すべきである」という宮古島の方からの意見を聞くことができました。

琉球独立に関して、琉球民族独立総合研究学会のように独立の法的主体である琉球人だけで議論をするとともに、日本人、中国人、韓国人、チャモロ人、パラオ人、アメリカ人等、アジア太平洋の研究者や市民運動家とも議論を重ねることによって、研究としての独立論は深められるはずです。

どのような学問対象に対しても自由に研究し、議論するのが「学の独立」の精神です。私の母校・早稲田大学の校歌「都の西北」でも「学の独立」が讃えられ、大学の教旨にも「早稲田大学は学問の独立を全うし　学問の活用を効し　模範国民を造就するを以て建学の本旨と為す　早稲田大学は学問の独立を本旨と為すを以て　之が自由討究を主とし　常に独創の研鑽に力め以て　世界の学問に裨補せん事を期す」と記されています。私は右の「模範国民」を「琉球の国民」と読みかえています。

あらゆる権力や時勢に左右されない自主独立の精神をもって、学問を追求する自由と権利を琉球人は持っています。

現在、琉球では独立が盛んに論じられています。その背景には、様々な理由があります。もちろん、植民地としての歴史が独立論の土台にあることは間違いありませんが、加えて現在起こっている要因も琉球人の独立志向を促進させています。

まず、米軍基地に関して鳩山由紀夫首相が放った軽口とその撤回。いままで何度となく琉球人は日本によって裏切られ、その都度煮え湯を飲まされてきましたが、ここで琉球人に忍耐の限度を超えさせたようです。「最低でも県外」どころか、いわくつきの軍用機オスプレイの強制配備。日本政府は、意図的に琉球人を怒らせているのかと思うほどです。このことは、日本人として琉球における差別構造を撤廃していこうと考えていた琉球人にも絶望感と憤りを抱かせることになりました。また、具体的に独立のイメージを湧かせる要因としては、人口約一四〇万人の琉球よりもはるかに人口が少ないにも関わらず、同じ島嶼である太平洋諸島が独立を勝ち取っているという事実や、近年のアジア経済の興隆を琉球王国の大貿易時代と重ねあわせ、経済自立の手段として独立に期待を寄せるということもあるでしょう。

しかし、何といっても琉球人に独立を促す最大の要因は、「いまそこに在る危機」という状況的要因です。中国の軍事力・経済力を背景とした覇権国家としての野望、それに対応するがごとき日本の右傾化、アメリカの相対的な国力低下等、琉球を取り巻く様々な状況は、いずれも硝煙の臭いを強く感じさせるものです。

琉球は、二度と他者の戦争に巻き込まれたくない。これは、全琉球人に共通する明確な意思です。そして、状況は切迫しているようにみえます。いま、独立によって基地撤去を実現させなければならない最大の理由は、この状況そのものにあるのです。

中国や欧米諸国と同様に、日本も帝国としての性格を内在しています。そして、そのために、琉球からの抵抗に晒されているということを、日本の人々は自覚しなければなりません。日本にとって琉球の独立問題は決して他人事ではなく、歴史的に決着のついた問題でもなく、解決が求められる今日的な課題なのです。

琉球独立は長期的に見て日本の本質的国益にもなります。琉球が独立することで日本も本当の意味で独立することができるでしょう。これまで日本の「抑止力」として期待する米軍基地を琉球に押し付けることで、基地による犠牲を回避することができました。しかし琉球が独立すると、米軍基地は自ら負担することになります。そうなれば、日本国民は否が応でも日本がアメリカの植民地であると認識し、他国の軍隊を自国領から追い出そうとする運動が全国的に展開されるでしょう。日本から米軍という「占領軍」が消え、不平等条約である日米地位協定も廃止して、日本は文字通り独立を日本人自らの手で勝ち取ることができるのです。現在、日本は中国、韓国、北朝鮮等の東アジア諸国と領土、歴史認識等を巡り対立しています。非武装中立を掲げ、アジアの平和創出の拠点となる琉球が誕生すれば、日本は琉球を介して東アジアの隣国と平和友好関係を築けるのではないでしょうか。

かつて、琉球併合前後に琉球は清国に属すべしと考える人々が琉球独立運動を担っていました。それは清国帰属論がそのまま独立論でしかないという琉球側の弱さであり、時代的制約でした。しかし、二一世紀の琉球独立運動は、日本とともに中国とも一定の距離を置き、琉球人の自己決定権に基づき、世界の独立運動から学び、世界と連携しようとしている点に新しさがあります。琉球独立運動とは、ナショナリズムとインターナショナリズムを兼ね備えた運動であり、他国に依存しない自主独立の国を目指す運動です。そして、それこそが二一世紀の琉球独立運動の大きな特徴なのです。

近年の琉球文化の興隆を通して自文化に対する自信が深まり、ウチナーンチュとしてのアイデンティティが強化され、人々の独立への志向性が強まっています。琉球人意識の高まりは心の問題に留まらず、独自の民族として琉球人を考え、国連、国際NGO、世界の諸機関や団体等と連携をとり、国際法に基づいて日本やアメリカの琉球支配を世界に向かって告発するという新しい段階に入っています。そして、これまでのように「日本本土」の団体からの支援を求めるのではなく、日本を越えて琉球と世界が直接結びつき琉球の現状を変革しようとしており、運動や意識の面での独立性がより明確になってきています。

第八章　琉球独立論は暴論か

いうまでもなく、「独立」は政治的大事業です。そして、大事業であるが故に政治的、社会的、思想的に、琉球の内外に独立に関する様々な考え方があるのは当然のことであり、私はそれらをアプリオリに排除するつもりは毛頭ありません。それらを考察し、止揚することによって、独立論を磨き上げていくことが私の研究課題だと考えています。

本章では、私たちが研究してきた「琉球独立論」に対する異論、反論の中で、明確にしておかなければならないシンボリックなものを取り上げて答えてみたいと思います。

「芋と裸足」の生活

琉球独立を否定する時に使われる比喩のひとつとして「芋と裸足」という言葉があります。簡単にいえば、独立すると劇的に生活水準が下がるぞ、ということです。

この比喩が使われたのは、一九六八年に米軍基地と琉球の関係について、アンガー高等弁務官が次のように述べたのが最初です。

「戦前の沖縄経済は、主としてイモ、米、サトウキビを作る農業収入と漁業収入で成り、六〇万足らずの人口を養っていたが、生活水準は現在とは隔世の感がするほど低いものであった。戦後の経済基盤は、農業の上に軍事基地という重要な要素も加わって、一〇〇万近い人間を養っている。一昔前までは縁遠いものだった自動車、水道、電気などは、もはやぜいたく品ではなく、日常生活の必需品となっている。万一、基地が大幅に縮小されるか撤廃されるようなことになれば、沖縄は再びイモと魚に依存したハダシの経済にすぐ戻ってしまうだろう」(大田昌秀『醜い日本人：日本の沖縄意識(新装版)』サイマル出版)

ご丁寧にもアンガー高等弁務官は「現在の沖縄住民の地位は、一人前の日本国民でもなければ米国市民でもない」とも述べています。自らの支配を正当化するために、根拠のない「芋と裸足」論で琉球人を脅したわけです。そこには、琉球人は近代的な国民ではないという差別意識とともに植民地支配の正当化が意図されています。また、「琉球人が独立を実現できるはずがない」という琉球人を舐めきった視線も隠されています。

琉球の自民党は高等弁務官の言葉を受け売りして、「先に復帰した奄美の状態を見よ」と広く喧伝し、「芋と裸足」論は琉球における選挙で政策的対決の一つの焦点となりました。

基地がなくなれば「芋と裸足」の生活に戻るという比喩が、独立すれば「芋と裸足」の生活になるという脅し文句として使われて、「貧困イメージ」を作り出しました。

「芋と裸足」は、確かに琉球人を侮辱したとんでもない比喩ではあります。しかし、この言葉には使った当人の意図とは別に、深い意味が含まれているようにも思えます。

そこには、人間にとって本当の豊かさとは何か、という普遍的命題を考える契機が含まれているのではないでしょうか。

戦後の琉球では、多くの住民が移入食料品を食し、外食をし、車に依存するようになりました。その結果、琉球は日本一の肥満地域になり、男女とも若死にする人が増えています。長い間、日本一の長寿県であった琉球ですが、二〇〇〇年における都道府県別生命表をみると、琉球人男性の平均寿命は二六位に転落しています。生活の近代化（アメリカ化、日本化）によって琉球の人々の身体は確実に弱っているという証左でしょう。

「芋と裸足」は島で育った物を食べ、車に依存せずよく歩くという琉球人の伝統的な生活習慣をも暗示しています。琉球人の本当の幸せとは何かと考えた場合、一蹴できない意味内容を含んだ言葉ではないでしょうか。

「独立」を行政的、経済的な側面に限定するのではなく、琉球人の意識の持ち方や生き方にまで掘り下げる必要があります。経済成長のみを独立の前提、あるいは目標にすべきではありません。経済成長が人間に及ぼす負の面を認識し、本当の豊かさを独立の根幹に据える。これまでの独立論は、とかく財政主義、経済主義に傾斜しがちでした。もちろん、経済はどうでもよいというわけではありません。しかし、最も怖いのは、人や島のさらなる近代化による琉球固有の風土環境と精神性の破壊です。物質的豊かさを得るために開発を推し進めた結果、人間が生きるための本質的に重要な基盤である自然環境、共同体社会、文化を喪失するとしたら、本末転倒という他ありません。

独立の大前提はカネではなく、島で平和に暮らしたいという人々の強い思いと実践であるべきです。

「独立すると琉球の経済は破綻するのではないか」という声をよく耳にします。しかし、現在の琉球経済は植民地経済でしかなく、今が破綻状態にあるのであり、これ以上悪くなるとはとても考えられません。琉球は、独立を通して基地の押し付けと中央による振興開発を拒否し、一部の琉球企業や琉球人のみが利益を得て植民地主義を維持する体制を解消し、バランスのとれた経済の在り方を自ら考え、実現すべきなのです。

独立運動とテロリズム

二〇一三年一月三〇日、国民新党の自見庄三郎代表は、普天間基地の移設問題が琉球の分離独立運動を引き起こし、ゲリラ闘争、爆弾テロに発展すると述べました（『琉球新報』二〇一三年一月三一日）。自見はまた、「国内ゲリラは分離独立運動が原因で起きる。国のかじ取りによっては東京でも爆弾テロが発生する」とも発言しています。「独立運動＝ゲリラ闘争＝テロリズム」という単純極まりない図式で、琉球の独立運動に対する恐怖を煽り、私たちの運動を抑圧しようとしています。実に困った人です。

私たちは、独立するための方法論として、組織的暴力ないしはテロを採用していません。世界における武力による独立運動を見ても分かるように、暴力を伴った独立運動は、琉球人の側に大きな犠牲が生まれることが予想されます。また暴力の使用を理由にして独立運動自体が厳しい取り締まりの対象となり、弾圧され、運動が壊滅する恐れもあります。統治者側にとっては思うつぼでしょう。琉球中に米軍基地、自衛隊基地があり、現実的にも琉球人が武力で対抗できる余地はありません。琉球王国時代、琉球は非武装の国づくりをしてきました。沖縄戦、米軍統治時代において琉球人の命が紙屑のごとく扱われ、「命どぅ宝」（人間の命は何にも代えられない宝である）という信条を琉球人は持つようになりました。

琉球人はこれ以上血を流す必要はありません。平和を心底から希求する琉球人には非暴力で独立を実現する道がふさわしいし、琉球らしい独立の方法であると思います。

また、私たちは独立後の在り方として、軍事力の完全放棄をも宣言しています。

そもそも、独立を目指し、独立に向けて議論し、活動することは、国際法で保障されているのです。国連憲章や国際人権規約等は、独立を含む民族の自己決定権の行使を認めています。市民的及び政治的権利に関する国際規約の第一八条「思想、良心及び宗教の自由」、第一九条「表現の自由」、第二一条「集会の権利」、第二二条「結社の自由」、第二七条「少数民族の権利」に拠って、琉球独立に関する研究や議論をする権利があります。

分離独立は国際法上認められないのか

「国の国民的統一及び領土保全の一部又は全部の破壊をめざすいかなる企図」は許されないという文言が植民地独立付与宣言にあります。しかし、琉球国を併合し、軍事統治をしたのは日本やアメリカであったことを忘れてはなりません。現在の琉球は、日米両政府の占領が続く違法状態にあるといえます。琉球独立は、違法な状態を終わらせるための方法であり、分離独立とはいえません。琉球の施政権を有し、かつ基地を押し付けている日本は、琉球人が保有する「同権と自決の原則」に従って行動していません。

日本政府は琉球を自らの「固有の領土」であると主張し、辺野古基地建設案を推し進め、オスプレイを強行配備しました。領土権を保有する日本政府が、琉球の現在や将来に対する決定権を持っているというのは仮説でしかありません。日本政府は琉球に対する領土権を本当に正当化できるのでしょうか。かつて琉球は、日本とは別の国家であったのであり、「日本固有の領土」ではないのです。日本は琉球国を消滅させて強制的に日本国の一部にしたのであり、日本政府は領土保全の理由をもって琉球人の自決権を否定することはできません。

ある国で民主主義が実現していれば領土保全が優先され、独裁国家であれば領土保全は優先されないという議論があります。日本は、一応民主主義国であると言われています。しかし、琉球人の多くが基地撤廃を主張しているにも関わらず、在日米軍基地特措法を国会で多数決で成立させ、振興開発資金を利用して基地を押し付け、日米地位協定の改正要求も無視するなど、基地を拒否する琉球人の行動を徹底して封じ込めてきました。法手続きの上でこそ民主主義の形式をとっていますが、日本政府の米軍基地に関する施策は琉球人にとって「独裁的」といえるほど過酷なものです。琉球に対して形式民主主義しか実現していない日本には、領土保全を主張する確たる根拠がないのです。

独立運動は排外主義につながるか

独立＝排外主義という批判は、反基地運動を行っている琉球在住の日本人からよく出されますが、まず、琉球の政治的地位を決定できるのは国際法上の法的主体である琉球人であるということを理解していただきたい。

その前提の上で、グァムやニューカレドニアで目指されているように、新たな政治的地位を琉球人が住民投票で決め、独立後の憲法を他の民族を含んだ全住民で行う方法もあり、移住者が島の政治形成過程から排除されるわけではありません。

独立後の太平洋島嶼国をみると、島嶼民の生活、地元企業、自らの文化や環境を保護・育成する法制度が制定されてきました。太平洋島嶼国では、外国人や外資は島の土地を所有できません。島嶼民優先の雇用、厳しい環境保護等が法制度で規定されています。これらは、植民地時代に島の民族が外部の移住者によって排除、搾取された状況を繰り返させないための措置です。当然のことながら、彼らは島嶼民を守るために独立して国家を形成したのであり、移住者はそれを理解し受け入れて生活をしています。

近代では日本とアイヌ民族、アメリカやオーストラリアと先住民族、現代では中国とウィグル、チベット、直近ではロシアとウクライナ。これらはすべて、侵略→移住→マジョリティの形成→先住民族への差別迫害、というわかりやすいプロセスを踏んでいます。幸いなことに、琉球のマジョリティは未だに琉球人です。だからこそ、独立の可能性が残されているのです。そして、独立した後、先にあげたような悲劇を招かないために最低限のルールを設計するのは、いわば当たり前のことなのです。

民族主義＝排外主義という図式は一面的なものです。現在、欧州諸国では外国人排斥問題が深刻化していますが、その背景には当該国の不況による失業問題があります。また、そもそも自己都合によって安価な労働力を確保するために移民を受け入れてきたという経緯があり、移民排斥に道義的根拠はありません。

排外主義が発生するのは民族主義だけが要因ではありません。私は自著『琉球独立への道』のまえがきに「私は琉球の愛国者であるが、国粋主義者ではない」と書きました。国粋主義とは、自国だけが優れ他の国を蔑視するという考え方です。民族主義を掲げながらも他民族との共生を目指す民族は世界に多く存在しています。琉球はこれまでアジア太平洋の様々な文化を吸収しながら自らの文化を形成してきました。排外主義に陥らない民族主義は琉球でも、いや琉球だからこそ可能なのです。私たちのナショナリズムとは、「開かれたナショナリズム」とでもいえるものです。

琉球人という民族に帰属するのかどうかは、特定の定義・指標に基づいて他者が決定すべきではありません。各個人が自らを琉球人であると自覚し、他の琉球人もその人を同じ民族であると認め、互いに協力しながら生活し、脱植民地化運動をする過程で琉球という共同体が形成されていくのです。

琉球対日本という構図の是非

琉球独立論は、当然のことながら植民者としての日本やアメリカと、被植民者の琉球という対立概念を前提にしています。しかし、大半の日本人は、琉球と日本との植民地関係を無視する傾向があるようです。

例えば、次のように述べる日本人新聞記者がいます。

「いつもの通り『沖縄vs日本』的な議論が中心で、そこで思考停止してしまった印象です」（大久保潤『幻想の島沖縄』日本経済新聞社）

「米国の支配下で日本人同士がいがみ合う。被支配者同士が互いを憎むことで『本来の敵』である米国に批判のエネルギーが向かわない。米国の戦後の沖縄政策を見ると、この構図は自然にできたものではなく、周到に計画されて米国が仕組んだと考えるのが自然です」（同上書）

大久保は、何もわかっていません。琉球人は日本人ではないのです。そして、「琉球vs日本」という構造が今でも、米軍・自衛隊基地問題、教科書問題等のように琉球人を苦しめているという現実があるのです。日本による琉球の植民地支配の実態を見ないふり、あるいは積極的に植民地支配を肯定しているのは誰なのか。日本人は琉球人を同胞と本当に考えているのか。同胞と考えているのならなぜ米軍基地を自ら引き受けないのか。日本や日本人への琉球人の怒りをそらすために、日本人自らも被害者を装っているのではないか。実際は、日本はアメリカとともに琉球を支配しているのが現実です。

「復帰」体制の下で、琉球は日本の枠組みの中で格付けされ、認識され、日本スタンダードの下位の位置に落とされ、常に国から指導される辺境の位置に置かれ続けました。

国際人権規約、国連憲章等で保障された民族の自己決定権を行使して、琉球人は自らの新しい政治的地位を決定できるはずです。琉球人は自らのスタンダードをつくり、独自の政治経済、文化、教育を創造する権利を有しています。「琉球vs日本」という植民地構造を直視して、両者を平等な関係にすることが琉球の脱植民地化の第一歩となります。

琉球独立と中国脅威論

現在、日本では「沖縄が独立したら中国に侵略される」という説が、まことしやかに広まっているようです。

私たちが腹立たしく思うのは、この中国脅威論の背景に、琉球は日本または中国どちらかの所属物でしかなく、琉球が独立して日本のモノでなくなったら中国のモノになるという、琉球を物象化し矮小化する日本人の琉球観があることです。

大城立裕は『小説琉球処分』で琉球併合を主導した大久保利通に次のように語らせています。

「日本政府がなぜあれだけの犠牲を払ってまで琉球を保護するかというと、それは世界の公法としてそうしなければ一分が立たないからだ。いまこの東洋の近海には西洋列強の軍艦がしばしば入りこんで来る。琉球はいま、どの国へとも所属がまだ定まっていないような形であるが、そのようなことでは、いつ外国から侵略を受けないとも限らない。日本政府としては、琉球を明らかに日本の一部分と認めるからには、十分な実力をもって琉球を保護する責任があるわけだ。だから、これから琉球に陸軍鎮台の分営を設ける計画もある」（大城立裕『小説 琉球処分（上）』講談社）

この大久保の科白は、琉球を中国が狙っているから琉球独立は認めないとする、今日の中国脅威論と重なっています。

もちろん、これはフィクションですが、大方の善意ある日本人の琉球に対する心情を代弁しているようにも思えます。

要するに、欧米諸国が琉球を狙っているから、日本が琉球を領有化し保護してやるという論理です。しかし、歴史を振り返ればわかる通り、日本は自ら帝国主義国となって欧米列強と同じ振る舞いをしています。小説の中で大久保は、琉球を日本に所属させて外国の侵略を防ぐとしていますが、事実は欧米諸国に先立って日本が琉球を侵略しただけに過ぎません。

ひとつだけ、はっきりといえることがあります。すなわち、中国の侵略は現時点で仮説に過ぎませんが、現在ただいま琉球は日米両国の植民地下にあるということです。

したがって、琉球の現実的課題が、まず独立にあることは自明のことなのです。

余談ですが、読売新聞記者・松浦篤の「沖縄独立論の陰に中国あり―本土の人間が気付いていないその実態」と題するレポートが『中央公論』二〇一四年二月号に掲載されました。そこでは、私が中国の上海で開かれた研究会に参加した際、「中国国際友好連絡会（友連会）関係者と接触したと見ている」という公安関係者の話を紹介しています。しかし、公安関係者が嘘をついているのか、公安関係者の話そのものを記者がでっち上げているのかはわかりませんが、そのような事実はありません。同レポートでは、琉球民族独立総合研究学会は中国の影響下にあるという事実無根の説が繰り広げられています。ジャーナリストが当然行うべき事実関係の裏を取るということさえせず、「琉球独立運動は中国が動かしている」と主張している。実に情けないことです。

まさかとは思いますが、中国の上海に赴いたという事実だけで私を中国の手先と断定したのでしょうか。だとすれば、笑えます。この際はっきりと、言っておきましょう。私は、研究に必要であれば、中国だろうと、アメリカだろうと、ロシアだろうと、北朝鮮だろうと、どこにでも出かけます。

いずれにせよ、松浦は一八七九年から今日に至るまで琉球で独立運動が続いている原因を丹念に調べることもなく、琉球と日本との関係性を考え直して両者の対立を解消するという問題意識を持つわけでもなく、「中国陰謀論」に安易に依存して本質的問題から目を背けている。彼のレポートには、現実を直視しない日本のジャーナリストの質的低下が表れているといえましょう。

もっとも、中国の研究者やメディアの琉球独立に対する認識にも問題があることは事実です。二〇一三年五月八日、中国社会科学院の張海鵬委員と李国強研究員は「歴史上（帰属が）未解決の琉球問題」の再議論を提起する論文を『人民日報』に寄稿し、「独立国家だった琉球を日本が武力で併合した」「歴史上未解決の琉球についても議論できる時が来た」と論じています。また、同年五月一一日の『環球時報』の社説は次のような主張を展開しました。

琉球の帰属は未解決である。日本政府に圧力を与える、次の三つのステップを実施すべきである。

① 琉球問題に関する民間レベルの研究や討論をして、日本が琉球を不法占拠した歴史を世界の人々に周知させる。

② 中国政府が琉球問題に関する立場を正式に変更し、国際会議等で問題提起する。

③ それでも日本政府が中国と敵対する姿勢を続けるならば、琉球国の復活を目指す組織を育成し、支援をする。

現在の琉球独立に関する議論や運動は、国際法で保障された民族の自己決定権の行使に基づいています。琉球独立運動は、日本や中国への帰属を拒否し、人間としての尊厳の回復を目指して、琉球人の琉球人による琉球人のための独立を軸としています。琉球は、中国からの支援を求めてはいません。

先の新聞論考は、「琉球帰属問題」の未解決を問題提起するかたちをとりながら、「尖閣諸島所属問題」を自国に有利に導き、日本政府に圧力をかけることを目的にしているとしか考えられません。しかし、尖閣諸島は琉球の領土です。

また、中国政府が琉球独立を認めて支援するということは、そのまま自国内のウィグル、チベット等の独立運動をも認可する矛盾に逢着します。

かつてアジアのグローバルスタンダードであった中国と現在の覇権国家中国は、まったく異なった国家です。内に向かっては自国民の自由な言論を封殺し、ウィグル、チベットで侵略・虐殺を行い、漢民族を組織立って大量に移住させ支配下に置き圧政を敷く。外に向かっては、軍事力と経済力を背景に、フィリピンやベトナム、台湾に圧力を加える。そのような国の支配下に、独立した琉球が入ろうとするはずもありません。また、中国が核心的利益と称し、併合を公言している台湾との連帯を掲げる私たちの対中国観は明白です。

中国脅威論を掲げて琉球独立を否定する人々に、一言だけ申し上げておきます。琉球人は、それほど馬鹿ではありません。

しかしながら、独立後の琉球は、琉球を支配した当事者である日本やアメリカ、そして中国と、一定の距離を置きつつも交流そのものを拒むわけではもちろんありません。

独立琉球国は、真の意味で自立し、どの国とも対等な関係を築き、東アジアにおける平和を象徴するような存在を目指しています。

東アジアにおける大国のパワーバランスを理由として、琉球の独立をリアリティのない不可能な夢だと考える人々がいることは承知しています。しかし、私たちは完全なる非武装中立の独立国を侵略できるという考え方自体がリアリティを欠いていると考えます。大方の軍事の専門家がいう通り、現在の世界では第一次、第二次世界大戦のような正面戦争、総力戦が起こる可能性は限りなく低いのです。その反面、例えば尖閣諸島をめぐる日中のせめぎあいの中で、局地戦が起きる可能性は限りなく高いと考えざるを得ません。そして、現在置かれている琉球の現状は、いうまでもなく切迫しています。琉球にとって、戦争を回避する最良の手段が独立であることは間違いないと私たちは確信しています。

アメリカは琉球の基地を決して手放すことはないのか

アメリカの軍事専門家は琉球の地政学的有利性を強調している、と日本の軍事専門家がマスコミで発言しています。そして、それが真実であると多くの日本人が考えているようです。しかし、琉球の米軍が中東に派兵される際には、長崎県佐世保の米海軍基地に移動して米艦船に乗り込むという「回り道」をしています。在琉米軍は一定のローテーションの下に、アジア太平洋各地を移動しており、琉球に常駐して常に日本を守っているわけではありません。

さらにいうなら、在琉米軍基地を琉球に置き続けようとしたのはアメリカだけの意思ではなく、日本の意思でもありました。在琉米軍基地が拡大した時期は、一九五〇年代に日本の米軍基地が削減された時期と重なります。つまり、在日米軍基地の移動先が琉球であり、在琉米軍基地は日本政府そして日本国民の意向によって拡大したのです。

一九六七年、マクナマラ米国防長官が松岡政保・琉球政府主席に対して、在琉米軍基地は軍事的に重要ではないと述べましたが、日本政府は琉球に米軍基地を置き続けることを求めました。「基地の島」は日本政府によって固定化されたともいえます。

一九七二年一〇月、米国防総省政治軍事問題局のロバート・マクロムは、「沖縄の二つの海兵旅団に加え、ハワイや日本等太平洋のすべての海兵隊をカリフォルニア州サンディエゴに統合する方が相当安くつき、かつ有効だろう」と述べました。また、一九七三年一月、米国務省は在沖海兵隊について「使用される航空機が人の多く住む地域を低く飛び、目立った騒動を引き起こす。普天間は明らかに政治的負債だ」と指摘しています。同年五月には、米国務省が在琉海兵隊の韓国移転案を構想し、オーストラリア、韓国、日本に打診しました。しかし、七月に開かれた日米安全保障条約運用会議で、防衛庁は海兵隊の維持をアメリカに求めています。米政府の意向に反対して、日本政府が琉球への基地集約を求めたのです。

「アメリカは自国民の血を流して獲得した基地を決して手放さない」という説が一人歩きしているようですが、前述したように実際はそうではありません。

もし、日本政府が本当に在琉米軍基地を撤廃しようと考えるのなら（もちろんそんなことはあり得ませんが）、アメリカと交渉すれば済むことです。現に、フィリピンはスービックやクラーク等の米軍基地を返還させています（もっともフィリピンの対中国政策により二〇一四年四月、再び米軍が駐留することになりましたが）。

要するに、在琉米軍基地をアメリカは決して手放さないというのは政治的フィクションです。日本の為政者は、アメリカは日本の守護神である、その守護神が基地を手放さないと考えている、だから基地は永遠なり、という論法をもって日本国民を欺いているのです。そもそも、アメリカが日本の守護神であると思い込むことからして情けない話ではありますが、それは日本の人々が考えることであり別の話なので、ここではこれ以上触れません。

しかし、琉球にとって米軍基地はフィクションでも何でもなく、現実に存在する抑圧装置です。しかも、琉球には日本やフィリピンのようにアメリカと交渉する権限がありません。日本に在琉米軍基地を手放す気が微塵もない以上、琉球が独立した主権国としてアメリカと交渉しようと考えるのは道理というものです。そして、完全なる非武装中立を掲げる独立国琉球の要求を、現在の世界でアメリカが拒めるわけもありません。

新崎盛暉の琉球独立論批判

私たちの琉球独立論に対して、琉球内外から様々な批判があることは承知しています。ここでは、そうした中からいくつかの批判を取り上げて、答えておきます。

まず、新崎盛暉の批判を紹介します。新崎は、次のように独立論を批判しています。

「今の東アジアの情勢の中では不可能に近い。米国まで介入して日本、中国がしのぎを削る東アジアで、沖縄が独立することは可能なのか。帝国主義国家が自分達の利益を目指して虎視眈眈と爪を研いでいる」（新崎盛暉「いま独立論」『琉球新報』二〇一二年五月一〇日。以下同）

新崎はここで、居酒屋で交わされる会話レベルのもっともらしい誤謬を、理路整然と述べています。リアルポリティクスの見地からいえば、しのぎを削っているからこそ可能なのです。ソ連崩壊前、中国がまだ台頭する以前の冷戦下における安定状況の中では、琉球の独立は非常に困難だったといわざるを得ません。大国間における一定の混沌状況は、かえって独立の可能性を高めます。

これまでいくつもの植民地が、現状よりはるかに厳しい状況の中で独立を果たしています。もちろん、琉球独立を簡単な事業と考えているわけではありません。しかし、独立はいまだからこそ可能だと私たちは分析しています。そして、近代における支配・被支配という日本と琉球の関係史、そして第三部でも述べますが、東アジアの緊張緩和に寄与する存在としての琉球といった大義名分は、琉球独立を世界に認めさせるに足る十分な論拠だと考えます。また、いやしくも自由と民主を掲げる現在の日本に、世界が認める（大部分の諸国は必ず認めると確信しています）琉球独立を拒む論拠はありません。

近年の東アジアや東南アジアの民主化や政治経済的な統合化、中国や台湾と太平洋島嶼国との政治経済的関係の強化等を考えると、現状況はむしろ琉球独立を後押ししているともいえます。独立後、琉球はアジア経済のダイナミズムに日本政府の介入を受けないで直接参入することが可能になり、かつての琉球王国のようにアジア各国と連携しながら平和的に発展を達成できるはずです。

新崎は、旧ユーゴスラビアの例を引き合いに、次のようなことも述べています。

「多民族共生国家の実験場だったが、民族主義的リーダーたちが内部の差別や経済的格差を理由に独立を目指して国家をばらばらにした結果、どうなったか」

旧ユーゴスラビアは「七つの国境、六つの共和国、五つの民族、四つの言語、三つの宗教、二つの文字、一つの国家」といわれたように、琉球とは歴史的、政治的、地理的背景がまったく異なり、両者を比較すること自体がナンセンスです。また、日本とその一地方である琉球という認識を念頭に、琉球の独立後を論じているのであれば、それもまたナンセンスという他ありません。完全非武装中立の独立琉球に日本が武力介入することは、現実的には不可能です。そんなことをすれば、世界の非難を浴び、中国の干渉を引き起こし、アメリカの世論さえ敵に回すということが明らかだからです。いまの日本に、そのような蛮勇はないはずです。

「沖縄は沖縄として自己決定権を拡大していく。それは地方自治の範囲で可能かもしれない」いやはや、困ったものです。可能でないから、独立運動が勢いづいているのです。そのようなことは、現代史をほんの少し繙くだけで誰にでもわかることです。

また、地方自治とは、中央政府が地方政府を対等な交渉相手として扱うことが前提とされます。しかし琉球がどんなにオスプレイに反対し、地位協定改正を求め、基地の県外移設を訴えても中央政府は聞く耳を持たなかったことは周知の通りです。それに、安全保障に関しては、最終的に国の主管事項であることは常識です。だとすれば、どうすればよいか。答は明白です。

さらに大切なことをもうひとつ。私たちの独立運動のモチーフは、基地撤廃や経済構造の転換といった現状改善だけではないのです。いうまでもなく、民族の自立と自決が最大のモチーフなのです。

新城郁夫の琉球独立論批判

次に、新城郁夫からの批判を取り上げ、個々にコメントしてみましょう。

「尖閣の帰属性を琉球・沖縄の名において主張するとき、氏（新川明：著者注）の認識は、国家の論理に絡めとられてはいないか」（新城郁夫「新川明氏への疑問」『けーし風』第八〇号。以下同）

琉球が国家としての独立を目指す時、国家の最も大きな要素のひとつである領土について何がしかの主張をするのは当然過ぎることであり、議論自体が成り立ちません。なぜなら、現在領土なき国家は存在しないからです。また、「国家の論理に絡めとられる」というある種形而上的批判は、国家を成立させようとする現実的独立論と議論のステージがまったく異なっていることに新城は気付いていないようです。

「『祖国琉球国への復帰』という言葉には奇妙なファンタジーしか感じられないし、『祖国琉球国の主権を取り戻す』という言葉には、一六〜一九世紀東アジアの歴史的政治構造における『独立琉球国の国家主権』という設定自体に無理があると思える」

失礼ながら、何を言いたいのか理解に苦しむところです。

琉球が独立することが、なぜ「奇妙なファンタジー」なのか。また、島津侵略以降の琉球王国を引用し「国家主権」について論じることのどこに無理があるのでしょうか。

「私は、沖縄は日本国家からの離脱という選択を実践していくべきだと考えている。しかし、私が考える離脱は国家システムからの離脱であって、独立論とは異なる。逆に私は、生存権の更新とその実践の場たる沖縄の変革のためには、琉球民族主体の国家独立という選択は、真っ先に排除されるべきと考える」

寝言は寝てから言ってもらいたいものです。

独立ではない日本国からの離脱とは、いったい何のことでしょうか。敢えて想像するなら、新城が考える「国家システム」からの離脱とは、すべての国家的存在を否定する、観念的な無政府主義的概念でしょう。新城が観念を弄び思索に耽るのは、もちろん自由です。自由ではありますが、独立という優れて政治的、現実的課題と絡めてペダンティックな言を弄するのは、いかがなものでしょうか。私たちは、琉球独立の研究を遊びがてらにやっているわけではありません。

「ナショナリズムは地域からの乖離のなかで生成し、地域を分断する。そして、ナショナリズムによってこそ、民族と領土が多く事後的に創られる」

表現はなかなかかっこいいですが、何も言っていないに等しいと感じるのは私だけでしょうか。せめて、なぜナショナリズムが地域を分断するのか、具体的説明をしてほしいところです。

ナショナリズムが地域の歴史や文化から生成し、地域を統合することについての、アントニー・スミス、ウィル・キムリッカ、マイケル・ヘクター等の著名な研究があるにも関わらず、具体論を意図的に避け、ナショナリズムという概念を自分の好きな抽象論に強引に引き込んでいますが、実に困ったものです。

「そこで生み出された民族は、あたかも大昔から自然に存在していたかのように幻想されるが、その幻想を実体化するのがナショナリズムの魔術である。しかも、ナショナリズムは自らが外部からの力によって形づくられたことを隠して自らを自然化し純粋化するとき、排外主義的傾向を帯びる」

もちろん、民族や国家という概念は近代の産物です。しかし人類学、考古学、歴史学等の研究成果によれば日本人とは異なる琉球人の存在、日本国とは異なる琉球国の存在が実証されていることも事実です。私たちが「民族」という時、それは歴史、文化、習慣といったものを一定の年代以上にわたって共有してきた共同体を指し、ナショナリズムとはその共同体に自己同一化する心情です。そして、現実に生活を営む共同体の在り方は、ナショナリズムによる魔術や幻想でもなんでもなく歴史的事実です。ナショナリズムが排外主義的傾向を帯びることもあれば、帯びないこともある、というのが現実というものです。

「幾多の民族独立過程で、反帝国主義的な装いのもと帝国主義的覇権が反復され、反植民地主義闘争のなかで新植民地体制の再編強化が組織化されてきた。しかも、そうした反動は、ナショナリズムを『起爆剤』とする独立運動のなかでの被植民者協力による資本形成、そして性と階級に関わる差別構造化、あるいは移住者への排外主義において、多く顕著となる。遠い時代の遠い地域の話ではない。この沖縄で今の今起きていることである」

これは世界史における脱植民地化運動に対する批判です。「幾多の民族独立過程」で「新植民地体制の再編強化が組織化されてきた」と断定していますが、実に大雑把な論述です。新城は、「反植民地闘争」と一括りにしていますが、具体的にどの国や民族で、どのように帝国主義的覇権が反復されたのか、そのような国は全独立国の中でどれだけ存在するのか、といった実証性は皆無です。脳内における自己対話という他ありません。

もちろん、植民地闘争に関して個別の方法論に対する批判はあって当然でしょう。ただ、ミソもクソも一緒くたにするのはやめてほしいものです。はっきりしているのは、被支配者の支配者に対する抵抗は、人間である以上、必然的行動様式だということです。そこを端折って、植民地闘争自体を批判するのであれば端から話になりません。

また、琉球の独立運動を念頭に「被植民者協力による資本形成、そして性と階級に関わる差別構造化、あるいは移住者への排外主義」と批判しているのであれば、その具体的事例を示すべきでしょう。

「歴史的政治的に見て、ナショナリズムは、その起爆性において当の民族にさえ制御不可能な暴力となるからである」

新城はナショナリズムについて、どのように「歴史的政治的に」研究して、以上のような結論を下すのでしょうか。制御不可能な暴力とならずに脱植民地化の動力となる「国家なきナショナリズム」、「マイノリティー・ナショナリズム」というナショナリズムもあることを知っておいた方がよいでしょう。

「民族的アイデンティティは、民族から逸脱するグループの創出とその排除において自己免疫的に構成される。この点、琉球独立学会が、その設立趣意書に『本学会の会員は琉球の島々に民族的ルーツを持つ琉球民族に限定する』と明記していることは、排外主義の公言として注目に値する」

私は同学会の共同代表の一人ですが、琉球人に学会会員を限定するのは「排外主義ではないか」という素朴な批判は新城に限らずよく受けるので、この批判に対して個人的見解を述べておきましょう。

なぜ、琉球人に限定するのか。理由は、とても簡単です。「琉球独立学会」の研究テーマが「琉球の独立」であるからです。

同学会は、独立という極めて政治的かつ具体的な目標を持ち、そして実践をもともなうひとつの運動体でもあります。したがって、通常の研究学会とは自ずから位置付けが異なり、「民族自決」の概念が当学会においても適用されることはいうまでもありません。つまり、研究の主体と、脱植民地化運動の主体とを一致させることが同学会の柱となっているのです。

自己決定権を行使できる法的主体は、民族としての琉球人しかいません。琉球の新たな政治的地位を決定する住民投票に参加できるのは琉球人なのです。要するに、まずは琉球人自身によって、研究および運動を進めて、独立への道筋をつけなければならないということです。

独立論とは理念であると同時に具体論でもあります。民族自決権とは、いうまでもなく独立論を構成する極めて重要な概念のひとつです。当然のことながら、我々は民族自決権について歴史的政治的かつ実践的な研究を重ねています。そのような研究を志している琉球人を主体とした学会が存在すること自体が、他の学問の独立や自由にとって可能性を開くものではないでしょうか。

独立学会では琉球人以外の民族の来場を歓迎するオープン・シンポジウムも開催しています。琉球独立について研究したいという日本人が、既存の研究学会の中で発表し議論できることはいうまでもありません。私たちが独立を目指す琉球人だけの学会を設立したのは「自分たちで汗を流して」独立について議論し、研究成果を蓄積し、国内外の研究者と意見交換し、そして独立を実現するという私たち琉球人の独立に対する強い意志の表れでもあるのです。共に学び合う過程で、琉球人であることを自己確認し、他の琉球人とともに一種の共同社会を形成することにもなり、それが将来誕生する琉球国の社会的土台の一つになると確信しています。

新城は、以下の理由をもって独立学会の存在意義を否定しています。

「両者（新川明氏と琉球民族独立総合研究学会：著者注）の認識に共通の問題点があるのも確かである。A・帝国主義暴力を問うさいに、対日本（人）への糾弾は焦点化されるがアメリカを問う作業が絶望的に乏しい。B・ポストコロニアル状況下における資本と国家と軍事覇権の重層的関係が全く問われていない。C・階級が問題化されていない。D・ジェンダー／セクシュアリティとりわけ異性愛主義体制が全く問題化されていない。E・民族自決権をめぐる歴史的政治的文脈の批判的検証がなされていない。F・主権概念が混乱を極めている。G・琉球民族がなんであるかの規定が全く無い」

新城にとって、批判の対象としている「琉球独立学会」とは何を意味しているのでしょうか。趣意書に書かれた内容をもって独立学会の活動のすべてであるとでも考えているのでしょうか。共同代表のこれまでの活動、思想で判断するのか。新城は本学会の趣旨文を根拠にして学会批判をしているようです。しかし、いちいち説明するのもわずらわしいのですが、趣意書とは総論です。その下に個別の各論がありそれに準じた活動があることはいうまでもないことです。

私たちは、二〇一三年一一月に学会大会、オープン・シンポジウムを開催し、琉球独立について多面的な議論をしました。本学会の会員には日常的に米軍基地反対活動を実践し、米軍基地撤去を独立の目的としている人や、日本企業による琉球経済の支配を批判する人も多く、AやBの批判は的外れであるという他ありません。

CやDでは階級、ジェンダー／セクシュアリティも問題化していないとして批判していますが、我々の学会は新城の個人的関心に応えるための学会ではありません。こういうと、新城に誤解されそうなので敢えていっておきますが、階級やジェンダーの問題は無意味であるといっているわけではもちろんありません。同学会の趣意書にも「ジェンダー、マイノリティ差別、格差問題」等も研究対象にすることが明記されています。また現在、学会内には、自らがセクシュアル・マイノリティであることを明らかにして、琉球独立の研究や運動を行っている若い琉球人がいることを付記しておきます。

Eについては、まず自らいうところの「歴史的政治的文脈の批判的検証」とやらを、具体的に説明すべきでしょう。でなければ、単なる評論家の（それも二流の）言葉遊び、ないしは言いがかりといわれても仕方がないでしょう。

繰り返しますが、独立論とは理念であると同時に具体論でもあります。そして、民族自決権についての認識も当然のことながら極めて実践的なものとなります。そこには、文脈だの批判的検証だのといった能書きや文学的な言葉遊びが入る余地はありません。

Fについては、新城が考える主権概念（どのような考えかは定かではありませんが）とは異なる考えを否定し「混乱を極めている」と決めつけていますが、こうした思考様式を通常「独断と偏見」

と呼んでいます。

Gに至っては、反論するのも面倒ですが、琉球民族の規定については、「琉球の島々に民族的ルーツを持つ琉球民族」という規定が明示されているので、いま一度お読みください。我々に関していえば、ILO一六九条約、民族に関する諸学説である原初主義・手段主義・境界主義・表出主義・創造主義・想像主義・記憶主義（林泉忠によるナショナル・アイデンティティの生成・活性化要因に関する分類）等に基づき、また、グァムやニューカレドニア、パレスチナ等のように世界の脱植民地化を進めている諸民族の事例を参考にしながら、琉球民族とは何であるのかについてさらに詳しい定義が学会では議論されています。


「私には、新川氏が引用する二人（友知政樹、照屋みどり：著者注）の開き直りのような言葉のどこにも、学会が排外主義でない説明を見いだせないし、新川氏が何に『納得』しているのか見当もつかない。ここで引用されている設立委員二人の言辞は、普遍性に開かれてあるべき『学会』を民族で資格限定する点で、厳然たる排外主義である。それを否認するなら、在日の人々へのヘイト・スピーチを繰り返しながら、『これは差別ではなく区別だ』と嘯く右翼と認識上なんの違いがあるだろうか」

新城は、琉球民族独立総合研究学会の共同代表の実名を出し、その主張を「開き直りのような言葉」として貶めていますが、かくいう私も同学会の共同代表の一人です。新城は、我々の学会がヘイト・スピーチを繰り返す人種差別主義者と同じ排外主義の団体であると主張しますが、いつ本学会がヘイト・スピーチ等、人種差別的行動をしたのか頼むから教えてほしいものです。

なぜいま琉球独立か。既に繰り返して述べたように、私たちの独立論のモチーフは実のところ極めてシンプルなものです。

すなわち、民族としての尊厳の回復、米軍基地をはじめとする現在の差別状況の解消、現前する戦争リスクの回避、そして「まったく新しい価値」の創造が、独立のモチーフとなっているのです。

第三部　琉球独立への道

第一部、第二部では、琉球の近代史を踏まえて、琉球独立の論拠を述べてきました。しかし、私たちは独立が容易な事業であるとは毛頭考えていません。現在の琉球における独立を阻む内的、外的な要因は、どれも一筋縄にはいかないものばかりです。

現在、琉球の内政権、外交権は日本が掌握し、アメリカが琉球に広大な軍事基地を有しています。そして、基地は日本の安全保障政策を左右する存在であると同時に、アメリカのアジア戦略を担う存在でもあります。琉球において、日米両国による二重の支配体制が確立されている所以です。

また、中国は自国から遠く離れたベトナムやフィリピンの海域まで自国の領海であると一方的に宣言し、軍艦を派遣して両国を恫喝しています。新たな覇権国として、中国は東シナ海、南シナ海の支配はもちろんのこと、太平洋進出という野心をもはや隠そうともしていません。

琉球より小さな太平洋の島嶼国は、確かに比較的容易に独立を成し遂げました。しかし、独立時の環境は現在琉球が置かれている環境とは大きく異なっていました。まず、ほとんどの島嶼国をかつて支配したのは、イギリス、アメリカ、オーストラリア、フランス、日本等、列強諸国の中の一国だった。したがって、独立する際には宗主国である一国とだけ交渉すればよかったわけです。また、帝国主義時代への反省から民族の独立に対して比較的寛容な時代でもありました。さらにいうと、現在の地図を見れば一目瞭然ですが、地政学上のポジションが琉球とはまったく異なります。つまり、琉球の周囲には独立に対して直接的な関与を及ぼしうる国として、日本、アメリカ、中国、そして中国が自国の領土であると宣言している台湾、と四つの国が存在しています。太平洋の島嶼国がほぼ一つの変数の方程式を解けばよかったのに対し、琉球は四つの変数の連立方程式を解かなければ独立が覚束ないという厳しい現実が眼前にあります。

しかし、それでも琉球はあらゆる困難を克服して独立を目指す他ありません。なぜなら、選択肢は他にないからです。

長きにわたって、琉球人は反基地運動を行ってきました。しかし、琉球が日本の一部である限り、基地撤廃は困難だと思われます。また、仮に基地が県外に移設されたとしても、琉球のリスクは現在にも増して高まります。なぜなら、現在の日本政府の安全保障に関するメンタリティからすれば、米軍が撤退するとなると自衛隊の即時駐屯ということになるのはほとんど自明であるからです。そして、琉球人が「沖縄県民」である以上、日本の軍隊を撤去する術はありません。沖縄戦でも明らかにされたように、日本軍は琉球人を守らず戦争に巻き込みました。自衛隊の琉球駐屯により戦争の危険性はさらに高まり、他方で自衛隊は琉球独立運動のような琉球人の主権回復の動きを抑圧する存在となるでしょう。

琉球人は、これまで沖縄県民として基地反対運動を続けてきましたが、基地は依然として日米両政府によって押し付けられたままであり、さらに辺野古に新たな基地が建設されようとしています。米軍基地に対する現在の抵抗運動を否定するつもりはありませんが、基地を完全に撤廃させるには、いまや「沖縄県民として基地撤廃を目指す」のではなく、独立を優先してしかる後アメリカ軍に撤退を通告するという方法が、琉球のリスクを回避するためには現実的といわざるを得ません。

繰り返すようですが、琉球は二度と戦争に巻き込まれてはならないのです。

第九章　骨くされ根性の克服

第七章でも紹介しましたが、琉球の事業家である照屋敏子は一九六九年、新聞記者によるインタビューの中で「沖縄人は骨くされが多い、惰民になりさがった」と、現状に甘んじている琉球人に対して痛烈な批判をしています。

骨くされとは、またずいぶんな言われようですが、的を射ているだけに当時の琉球人の中には力なく笑う他なかった人が少なからずいたことでしょう。いうまでもなく、彼女の発言の裏には、強い郷土愛（琉球ナショナリズム）があります。琉球を愛しているからこそ、日米に飼い慣らされた琉球大衆の在り様にがまんがならなかったのでしょう。

さて、照屋の発言から四〇数年経った現在、琉球人は強くて太いしっかりとした骨を持つようになったでしょうか。

アメを捨ててムチに耐えよ

一九九五年、琉球人少女が三人の米兵にレイプされた事件をきっかけとして琉球人の怒りは爆発し、反米軍、反基地闘争がいつになく激しくなりました。

すると、日本政府はそうした動きを抑えるために、基地と振興開発とを結びつける政策を実施します。琉球を基地関連の振興開発に依存させることによって、住民が基地を容認するようにしむけたわけです。

この振興開発政策は、橋本龍太郎首相が一九九六年に設置した沖縄政策協議会から始まります。同協議会は、琉球の産業振興や雇用の確保など、琉球に関する基本政策の協議を目的として閣議に準じる組織とされました。主宰者は沖縄担当大臣であり、総理を除く全閣僚と沖縄県知事がその構成メンバーでした。しかし、大田昌秀知事が米軍基地の辺野古移設案を拒否すると、日本政府は同協議会を開かず、補助金の一部を削減します。これまで、高率補助金に基づく振興開発政策を実施する建前上の根拠として、沖縄戦で琉球人が大きな犠牲を払ったこと、米軍によって広大な土地を強制的に奪われたこと、米軍基地の存在によって様々なリスク（事件、事故、騒音等）を負わされ続けていること、日本との経済格差があること等が挙げられていました。しかし、一九九五年以降、日本政府はそうした建前をかなぐり捨て、振興開発と基地をリンクさせる、つまり基地を拒否するなら振興開発は実施しないという、露骨な姿勢を前面に出すようになります。

一九九七年一二月二一日、名護市で行われた市民投票では辺野古新基地建設への反対票が過半数を占めました。しかし、同月二四日に当時の名護市長だった比嘉鉄也は、橋本龍太郎首相との会談で基地受け入れの条件として振興策を求めます（実は会談直前に日本政府から北部振興策が提示されていた）。翌日、比嘉市長は基地を受け入れて辞任しますが、この会談を受けて二〇〇〇年度から一〇年間で約一〇〇〇億円の北部振興予算が投下されることになりました。

ところで、近年になって振興開発における防衛省の存在感が高まっています。防衛省の琉球関連予算は増加傾向にあります。また、米軍再編法案が成立し、防衛省が管轄する振興開発事業が増えています。こうした状況からうかがえるのは、振興開発と軍事基地を密接にリンクさせようとする日本政府の意図です。

本来、建前上ではあっても、振興開発は琉球の経済自立、「内地」との格差是正が目的とされていました。つまり、日米の安全保障とは関係がない政策であるにも関わらず、実際には基地存続のために振興開発が利用されている。

米軍基地の存在と直接結びついた振興開発事業としては次のようなものがあります。

普通交付税の算定項目に安全保障への貢献度を反映させる基地補正、沖縄米軍基地所在市町村活性化特別事業、北部振興事業、SACO補助金、SACO交付金、駐留軍等の再編の円滑な実施に関する特別措置法等。

沖縄米軍基地所在市町村活性化特別事業は「島田懇談会事業（島懇事業）」とも称されます。それは、たとえ市町村に米軍基地があっても経済発展が可能である、つまり「基地と琉球人は共存できる」ことを示すための事業であり、補助率も高く、ハードだけでなくソフト事業にも利用可能な使い勝手の良い補助金となっています。多くの補助金が米軍基地のある市町村に投じられ、情報通信関連施設、国立沖縄工業高等専門学校、タラソ温水施設等の施設が建設されました。

二〇〇八年度の基地関係収入は約二〇八四億円であり、県民総所得の五・一七％を占めました。その内、軍用地料の約七八四億円、軍雇用員所得の約五二〇億円を日本政府が支出しています。米軍への財・サービス提供コスト約六八七億円の二〇％にあたる基地内施設建設費と光熱費の約一六一億円も、日本政府が提供しました。米軍や米軍人・軍属、家族の支出分は、基地内住宅の改修など米軍発注の工事費や物品購入費、基地内で商品やサービスを販売する特免業者関係経費、米軍人・軍属の家計消費支出等であり、約六〇〇億円でした。つまり、基地関係収入の約七割を日本政府が負担していることになり、琉球の基地経済を日本政府が下支えしてきたことがわかります。その一方、高額の保証金を企業に課すボンド制により、琉球の中小企業ではなく日本の大手建設会社が基地内改修工事を受注しやすくなっていて、利益は日本に還流されています。

辺野古新基地建設計画と関連した北部振興事業も島懇事業と同様な性格のものです。二〇一二年度から沖縄県の予算に投じられた一括交付金は、北部振興事業等の延長線上にあるものです。北部振興事業、一括交付金は共に、辺野古新基地建設を琉球人に了解させる過程で日本政府から与えられた「アメ」ということができます。

要するに、琉球人に生活水準の向上という「アメ」をしゃぶらせて、基地反対の声を抑えようとしたわけです。しかし、振興開発事業は「アメ」ではなく「麻薬」であり、基地と関連する振興開発では地域経済が自立することはありませんでした。これまで振興開発資金が重点的に投じられた名護市にある商店街はシャッター通りとなり、琉球平均よりも失業率が高く、その他の沖縄島北部地域でも過疎化が深刻になっています。インフラや施設の建設は高率の補助金によって行われますが、その維持管理費は自治体の負担となり、結果的に財政は圧迫されることになります。

一方、二〇一〇年に辺野古新基地建設に反対する稲嶺進が名護市長に選ばれると、米軍再編交付金は当然のことながら提供されませんでした。つまり、基地を認めないなら金はやらないという「ムチ」です。米軍基地を材料に、金をやるという「アメ」とやらないぞという「ムチ」。実にわかりやすい話です。

しかし、稲嶺は逆格差論という名護市の豊かな自然環境に基づいた経済政策を進め、現実には二〇一三年度の市歳入は前年度比で一四％の増加となっています。

ここでいう逆格差論とは、一九七三年に策定された名護市総合計画・基本計画の柱になった地域発展論です。具体的には、都会と比較して名護市は経済的に格差があると考えるのではなく、豊かな自然という名護市固有の資産を活用し、農業や水産業発展の可能性を追求し、それを製造業や観光業につなげることによって、自立的な経済や生活を実現しようという考え方です。

ともあれ、逆格差論に基づくこうした市政は市民に評価され、二〇一四年一月の市長選挙で稲嶺は再選されました。ちなみに、この選挙期間中、石破茂自由民主党幹事長は五〇〇億円の基金構想を提示して対立候補を支援しましたが、名護市民はその誘惑にのらず稲嶺が再選されたというわけです。

他方、仲井真弘多知事は日本政府の振興開発に幻惑され、県外移設という従来の主張を変えました。仲井真知事は、二〇一三年一二月末までに辺野古新基地建設を認めるかどうかの判断を示すとの立場を明確にしましたが、その過程で内外から様々な圧力、そして誘惑の種がまかれました。

米政府の政策決定に大きな影響力をもつワシントンのシンクタンク、ヘリテージ財団のブルース・クリングナー上席分析官は、二〇一三年一二月一七日に次のような琉球に対する恫喝めいた提案を日本政府にしています。

「日本政府は、仲井真知事に対して非公式に一四年度（沖縄振興）予算が承認の条件だと強調すべきだ。予算の不承認は、補助金凍結の引き金になり、沖縄は経済的苦境に直面するだろう」

「知事が承認しないなら、日本政府は二〇一四年度予算で沖縄への交付金を取り消すべきだ。そうすれば沖縄は経済的苦境に陥るだろう」

「日本政府高官も私の提言に感謝し、普天間問題の行き詰まりを解決するために活用することを望んでいた」

彼の提案とは、一言でいえば振興開発を餌にして基地を押し付けろということです。

結局、日本政府は振興予算を例年になく増額しました。二〇一四年度の沖縄振興関係予算は概算要求額より五二億円積み増しされ、三四六〇億円で確定します。その内、一括交付金は一七五九億円です。また、沖縄県が求めていた那覇空港の第二滑走路建設予算も三三〇億円確保されました。第二滑走路の総事業費は一九八〇億円ですが、二〇一八年度まで、毎年三三〇億円程度の支出も保障されました。しかし、那覇空港は国の管理する空港であり、本来その整備費は国予算の空港整備勘定から捻出すべきものです。

琉球経済発展の「目玉策」とされた沖縄科学技術大学院大学に対しても、一九八億円が投じられ、教授陣も約三〇〇人に増加させる予定です。同大学院は国家的事業ですが、毎年多額の経費が沖縄振興予算から拠出されています。同じ時期にモノレールの浦添までの延長も決まり、浦添市長も辺野古新基地建設を認めます。日本政府は振興開発予算を膨らませて琉球人に「アメ」を与え、新基地建設を沖縄県に認めさせようとしているのです。

仲井真知事は「驚くべき立派な内容。一四〇万県民を代表して感謝する。いい正月になる」と言っています。日本政府は、まんまと仲井真知事の懐柔に成功したわけです。

二〇〇九年、民主党政権が米軍基地の県外、国外移設を公約として成立すると、仲井真知事も県外移設を主張しました。しかしその後、民主党政権は県外移設の公約を破り、辺野古新基地建設を押し進めるために、二〇一二年度予算に一括交付金制度を創設し、沖縄振興事業費総額も二九三七億円に増やします。二〇一一年度のそれは、二三〇一億円でした。結局、民主党の本音は自民党のそれと選ぶところはないということです。

沖縄振興関係予算のピークは、新基地建設に反対した大田昌秀知事時代の四七一三億円（一九九八年度）です。しかし、大田知事が海上基地建設を拒否すると、日本政府と沖縄県との振興策協議は中止され振興予算も減少しました。

ところで、琉球は全国の中でも突出して日本政府からの公的資金に依存しているのでしょうか。ちなみに、二〇一一年の沖縄県における一人当たりの国庫支出金と地方交付税の合計額は約二六万円であり、全国七位でした。それらを含めた国からの財政移転の総額は約三六九九億円であり、全国で一二位でしかありません。また、二〇一一年度の人口一人当たり依存財源（国からの交付財源）は約三二万円であり、全国で一八位。つまり、補助金がなくなれば破綻するというような財政状態ではないということです。

以上述べてきたことから容易にわかるように、日本政府の補助金政策はすべて在琉米軍基地の維持を目的としたものであり、琉球の本質的利益に貢献するものではありません。のみならず、補助金という目先の「アメ」は、琉球人を骨抜き（骨くされ）にするものであり、最も大切な価値であるべき民族の自立心を奪い惰民に成り下がらせるものなのです。しかも、実際には補助金は政財界を中心とした一部の琉球人を潤すだけで、琉球全体の生活水準を上げるものではないということは、沖縄県の県民所得（生涯賃金）が四七都道府県中最下位であるという事実からも明白です。

名護市の例でもわかるように、自らの努力によって自立の道を歩むことができるのです。逆にいえば、基地があることによる経済的な損失は大きく、また犯罪や事故、環境破壊といった金銭には換算できない犠牲、つまりコストを支払っている。こうした負の側面を琉球人は直視しなければなりません。

もとより、このような状況をつくり出した一義的責任は、当然のことながら日本政府にあります。しかし、基地の存在を呪いながらも、長きにわたってそれを補助金とともに受け入れてきたという事実を、琉球人は率直に認めなければなりません。

琉球が独立を目指す時、「ムチ」を怖れず「アメ」を捨て、琉球人としての矜持を持たなければならない。すべては、まずそこから始まるのです。

もっとも、独立にあたっては、見返りを求められる補助金などではなく、琉球がこれまで日本によってもたらされた犠牲に対して日本政府に賠償を要求する権利を有していますが、これはまた別の話でありここでは触れません。

日琉同祖論と沖縄学

日琉同祖論という学説（仮説）があります。簡単にいってしまえば、片方は琉球王国となり片方は日本となったが琉球人と日本人は元々同一民族であり兄弟のようなものである、とする説です。この学説（仮説）は最初、一七世紀に『中山世鑑』において羽地朝秀が唱え、後に一九〇六年の「沖縄人の祖先に就て」において近代琉球最大の知識人と呼ばれる伊波普猷が発表したものです。そして、この日琉同祖論は、伊波という知の巨人によって唱えられたが故に、現在に至るまで長い間、陰に陽に琉球の知識人の思考を縛ってきました。

結論からいうと、琉球人と日本人は異なる民族どころか異人種であることが、近年の大規模なミトコンドリアDNA解析で明らかになりつつあります。現在、有力視されている仮説は、琉球人、アイヌ人、縄文人、それぞれを特徴付けるミトコンドリアDNAが共通している、現在の日本人のそれは中国の東北人、朝鮮人と似通ったものである。したがって、日本人を構成する優勢な人々は大陸や半島からの渡来人であり、また渡来人と原住民（縄文人）の混血であるというものです。伊波のいう同祖論とは異なりますが、仮に日本の新石器時代の原住民（縄文人）と琉球人の特徴的DNAが共通しているから琉球人と日本人は同祖であるというロジックは、人類発祥の地アフリカの人々とすべての国々の国民は同祖であるというのに似て、ナンセンスです。また、仮に現在の日本人のマジョリティは中国や朝鮮にそのルーツがあることが事実だとしても、日中朝（韓）同祖論を唱える学者はいないでしょう。

分子生物学がさらに発展すれば、近い将来もっと正確な起源がわかるかもしれません。ただ、そうした議論は実のところあまり意味がありません。繰り返すようですが、本書でいうところの「民族」とは、生物学的人種ではありません。ある一定の年代（歴史）と一定の風土、そして習慣（文化）を共有する共同体を民族と定義しています。

そうした認識に立って、私は琉球人と日本人は異なる民族であるといっているのです。そして、伊波の日琉同祖論には、どのような意味でも科学的根拠がありません。

では、伊波はなぜこのような学説（仮説）を発表したのか。

その問いに答えるには、伊波が生きた時代の背景を知らなければなりません。当時の明治政府は、琉球の侵略併合を完了し、続いて強力な同化政策を進め、圧政によって琉球の民族的アイデンティティを破壊しようとしていました。琉球同化政策とは、遅れた琉球の「蛮風」を力で矯正する、という極めて差別的なものでした。ちなみに、日本は朝鮮に対する侵略の際にも「遅れた朝鮮の近代化」を大義名分として同様のロジックを使っています。

さて、伊波はそうした厳しい環境の中で、何とか琉球および琉球人の本質（アイデンティティ）を存続させようと苦悩したと思われます。日琉同祖論の真のモチーフは、日本人と琉球人は同祖である、したがって琉球の文化も日本文化のひとつであるからして破壊すべきではなく尊重されるべきである、というものです。

確かに、日琉同祖論は結果的に、現在に至るまで日本の琉球併合を正当化する役割の一部を担ったことは否めません。現在を生きる私たちが伊波の同祖論を批判するのは簡単です。しかし、当時の環境下で一学者である伊波に他の方法があったのか。

事実、伊波は後年「同祖論を発表したのは自分が日本びいきだったからではない。現在（当時）の琉球を守るのに最善の方法だと考えたからだ」といった意味の発言をしています（鹿野政直『沖縄の淵　伊波普猷とその時代』岩波書店）。


周知の通り、伊波普猷は琉球のアイデンティティ確立に生涯を賭けた思想家、研究者ですが、彼は東恩納寛惇、比嘉春潮等とともに「沖縄学」を提唱して新しい学術研究の方法論を確立し、「沖縄学の父」とも呼ばれています。

「沖縄学」の方法論とは、歴史学、言語学、民俗学、考古学、文化人類学、文学など、すべての学問を動員して「琉球」という一つの大きなテーマについて横断的、かつ総合的に研究するというものです。いまでこそ、こうした学際研究は珍しくなくなりましたが、当時の学術界においては画期的な方法論でした。

一方、伊波たちが「沖縄学」を創始した目的は明白でした。「日本に侵略併合された琉球」という現実と対峙しながら、同化政策に抗していかに琉球のアイデンティティを護り存続させるか。「沖縄学」とはそうした目的を有した「抵抗の学問」として出発したのです。そして、前述の日琉同祖論は逆境下で琉球の精神を護るために伊波が用いた苦肉のロジックであったことを、現在を生きる私たちは知らなければなりません。

ひるがえって、現在の沖縄学は、伊波の志を引き継ぎ、日琉同祖論を超えて伊波たちの研究を止揚し、正しい進化発展を実現しているでしょうか。

率直にいえば、残念ながら「否」というしかありません。

問題は二つあります。

まず、日琉同祖論です。伊波たちの時代とは大きく環境が異なっているにも関わらず、現在の沖縄学の研究者の中で未だ日琉同祖論が一定のポジションを確保しているのはどうしたことでしょうか。琉球と日本は同祖ではないということは様々な最新の研究成果から既に明白です。しかし、問題はそうした誤謬自体ではなく、その誤謬を支えている研究者たちの感性です。「同祖」は「同化」に容易に転じるということを認識していない、あるいは意識的に「同化」を肯定していることが問題なのです。琉球のアイデンティティ確立を目指して出発した沖縄学であるにも関わらず、日本への同化を促進する「学」となっているのではないか。だとすれば、悪い冗談という他ありません。

また、沖縄学の創始者である伊波普猷が提唱したということが理由だとすれば、歴史の中で伊波を位置付けるという、研究者として当然の感性が欠落しているといわざるを得ません。

もうひとつの問題は、沖縄学を構成する各研究の「タコつぼ化」です。いうまでもなく、沖縄学とは琉球のアイデンティティ確立と自立を促すための学際研究です。しかし、現在の研究者はともすると自己の研究のみに自足しているように見受けられます。沖縄学とは、「木を見るだけではなく森を見る」研究であったはずだし、あるべきなのです。なお、誤解を招かないように述べておくと、私は各研究の深化を否定しているわけではもちろんありません。また、琉球の学者や研究者はすべて「琉球」をテーマにしなければならないという翼賛的学術研究の在り方を提唱しているわけでもありません。

「学問の自由」は保障されなければならない。そんなことは、当たり前のことです。

私が指摘したいのは、「沖縄学」という枠組みに所属する研究である以上、「脱植民地」という大きなテーマを見失えばまったく意味がなくなり、その存在意義を失うのではないかということです。さらにいえば、琉球の植民地状況からの脱却を主導すべき沖縄学の研究者が、現在も続く日本の同化政策に寄り添い、本来の目的を忘れ個々の研究に埋没しているようでは、補助金に惑わされる政治家と同様、「骨くされ」と呼ばれても仕方がないのではないか。

以上述べてきた沖縄学の現状に対する認識の下に、私たちは「新琉球学」とでも呼ぶべき新たな研究主体を構築しようとしています。伊波は、厳しい社会状況下で琉球のアイデンティティ確立を目指しましたが、私たちはもう一歩踏み込み、琉球国としての独立を目指しています。「新琉球学」は、琉球の置かれた植民地としての現状に正面から向き合い、その解決を目指す「経世済民の学」であらねばならない。そして、そのひな型といえるのが、二〇一三年五月一五日に発足した「琉球民族独立総合研究学会」です。現在、日常的に反基地や反植民地主義の活動を実践しながら琉球独立を研究しようとする約二〇〇人の様々な分野から参加した琉球人が主体となっています。そしてこの学会は、伊波の沖縄学と同様、学者や研究者だけではなく、植民地からの脱却を目指すすべての琉球人に門戸が開かれています。

琉球からみた日本問題

琉球独立の具体的道筋を考える時、独立を阻む最大の要因は、やはり琉球が制度的に日本の一地方として完全に組み込まれているという現実に在ります。確かに、表層的にみると、自治体としての義務や権限は他の都道府県と変わりません。その結果、比喩的にいえば、琉球は実に「植民地らしくない植民地」となっています。そのため、植民地構造の本質が視えにくくなっている。

また、長年にわたる日本の同化政策により、一部の例外を除き大部分の日本人は琉球人に対して生理的差別感情を持っていません。しかし、裏を返すとそれは「琉球に生きてきた琉球人（琉球民族）」という歴史的存在に対する感受性を持っていないということでもあります。そして、琉球の一般大衆の裡に同祖論的感性（骨くされ根性）が根強く残っているのにも、こうした現状が影響していると思われます。

けれども、いうまでもなく「琉球差別＝植民地主義」は、現在でも厳然として在るのです。第二部でも述べたように、「大東亜戦争」以来、琉球は常に日本の「最前線」で在り続け、そのことにより多大な犠牲を強いられてきました。そして現在、琉球人の強い抗議にも関わらず、米軍基地は居座り続けています。こうした現実は琉球にとって、ある意味で生理的差別よりも受け入れがたい構造的差別といえるでしょう。

先に、琉球独立を阻む最大要因は、琉球が「沖縄県」であること自体であると述べましたが、それには植民地構造が視えにくくなっているということの他に、もっと本質的な理由があります。それは、日本が真の意味での主権国家ではないということです。

そもそも、自国内に他国の軍事基地が治外法権のかたちをとって存在するような国が、果たして主権国家といえるでしょうか。当然のことながら、日本は在日米軍に対して何ら影響力を有していません。また、米軍基地のみならず、米日二国間で何かトラブルが発生した場合、最終的にはアメリカの要求を拒否することはできないというのが現在の米日間の構造でしょう。通常、こうした構造を「植民地構造」というのではないでしょうか。つまり、琉球の置かれている状況は、アメリカの植民地である日本の植民地である琉球、というまるでロシアのマトリョーシカ人形のような入れ子構造となっているのです。そして、畢竟すべての負の要素は琉球に集約されている。いずれにせよ、こうした構造は琉球独立にとって大きな阻害要因となります。なぜなら、現在のところ独立に関して日本は信頼に足る（主権国家である）交渉対象ではないからです。

かつて、照屋敏子は日本の支配に甘んじている琉球人に対して「骨くされ」と罵倒しましたが、その言葉はそのまま現在の日本にもあてはまるように思うのですが、いかがでしょうか。日本の人々には、「沖縄問題」は「日本問題」でもあるということを、しっかりと理解していただきたい。

それにしても、現在の日本はつくづく不思議な国だと思います。「大東亜戦争」の戦勝国であり、広島、長崎に原爆を落とし東京をはじめ全国の主要都市に無差別爆撃を行った憎き敵であるはずのアメリカには犬のごとく（敗戦国らしく）仕え、一方で侵略の対象であったアジアの国々に対しては先の戦争に関してまるで日本に責任はなかったといわんばかりの言説を、為政者や知識人が臆面もなくまき散らす。こうした分裂した意識が意味するのは、戦後七〇年経った現在でもあの戦争の総体を主体的に捉えきれていないということでしょう。そして、それは日本人の琉球に対する感性にも直結します。

昨今の報道によると、安倍政権は強引な憲法解釈の変更により集団的自衛権行使を可能にしようとしています。憲法の解釈を変更するとはどういうことなのか。ほとんど理解不能です。アメリカから与えられたとはいえ、日本国憲法、とりわけ第九条は、人類史上例をみない先端的思想を内包したものであり、日本が有する最大の財産であると同時に、人類の「宝」ともいえるものです。そして、それは独立琉球国の背骨になるはずのものでもあります。

集団的自衛権の行使とは、要するに「アメリカといっしょに戦争をする」ということに他なりません。いったい、日本はどこへ行こうとしているのでしょうか。琉球が日本の一地方である現在、琉球人にとっては他人事どころか直接的なリスクに結び付く話であり、とても無関心ではいられません。

話がそれましたが、このように困難な状況であることを認識しながらも、私たちは独立を果たさなければなりません。そして、独立に際して日本という国が重要なファクターであることも間違いありません。それでは、独立を実現するために琉球は、日本にどう向き合っていくか、また目の前のリスクである在琉米軍基地への対応を独立に至るロードマップの中でどのように位置付けるか。

まず、米軍基地。現在、大半の日本人は当然のことながら琉球は日本の一地方であり琉球人は日本人であると認識しているはずです。であるならば、原発やゴミ焼却施設と同様、同じ日本の一地方だけが基地を引き受け続けるという道理はないということになります。

鳩山首相の時は挫折しましたが、一自治体として正面からの抗議、論争をしかけることは、現状におけるひとつの有力な手段であると考えられます。

琉球人は、独立運動と脱基地運動を同時に進め、独立によって基地を撤去させる。しかし、まずは米軍基地を「本土」への移転を要求すること。それが、独立運動の第一歩となるはずです。

そして、琉球人に求められるべきは、いうまでもなく内なる「骨くされ根性」を克服して補助金という名の「アメ」を拒否し、琉球の自立について主体的に考え行動するという姿勢です。

余談ですが、琉球で行われる大規模な反基地集会には、必ず善意の日本人が大挙してやってきます。しかし、彼らは日本人として同じ日本人である沖縄県民を支援するという意識でしかありません。また、大半は党派性を帯びた人々で、反基地運動や反戦運動も自らが属する組織の党勢拡大や政治的発言力の強化に利用しているに過ぎないように見受けられます。中には、集会の最中であるにも関わらず、大人数で抜け出して観光に出かける連中もいます。信じられないかもしれませんが、本当の話です。このような感性を、世の中では普通「偽善」といっています。

ともあれ、本当に琉球人との連帯を考えているのであれば、まず日本の置かれている現状を直視し、かつ琉球の現状を他人事と考えるのではなく正しく認識し、琉球人は日本人とは異なる民族であることを認めることから始めていただきたい。そうすれば、私たち琉球人がなぜ独立しようとしているか、理解できるはずです。そして、その理解は日本人が日本の将来を、これからどのような国にしていくかを考える時、重要な示唆を与えてくれるはずです。

世界には、人口や領土の大きさは異なっても、多くの民族がそれぞれ固有の歴史や文化を育みながら存在しています。そうした多様性を互いに尊重し、民族の自立、自己決定権を認め合うことによって、はじめて平和というものが確立されるのではないでしょうか。私たちの独立運動には、そうした理念が込められています。

第一〇章　日本および国際社会への訴求

同化論の崩壊

くどいようですが、琉球人は日本人とは異なる独自の民族です。

しかし、今日まで琉球では日本との同化論が「日琉同祖論」を援用しながら主要な位置を占めてきました。もちろん、その背景に明治政府以来の強圧的かつ巧妙な同化政策があったことは論を待たないところです。

戦前では「大東亜共栄圏」や「五族協和」といったスローガンに象徴される「アジア解放」という大義名分が、琉球の大衆を同化論に引き寄せたのかもしれません。けれどもそれは、日本の帝国主義的侵略政策を糊塗するための駄法螺に過ぎなかったことは周知の通りです。戦後では、打って変わってラディカルな平和主義を掲げた日本国憲法に、琉球の人々は自分たちの未来を拓く理念をみたのかもしれません。しかし、日本国憲法の理念と真逆な存在としての米軍基地は、今も琉球の広大な土地を占領しています。さらに、現在の安倍政権は、憲法の解釈変更という、およそレトリックとも呼べないような粗雑なレトリックを使って、強引に「戦争ができる国」にしようとしています。そして、戦争といえば琉球。まるで対語のごとく、琉球人に負の連想を即座に引き起こします。しかし、こうした歴史の中で琉球人の裡に静かに堆積してきた怒りは、鳩山元首相の「米軍基地の県外移転」という公約とその目にも止まらぬような速さでの撤回、それに続くオスプレイの強制配備という現実を目の当たりにして爆発しました。今や、日本という国家に対して不信感を抱かない琉球人はほとんどいないはずです。また、それは二〇一三年五月の琉球民族独立総合研究学会発足の契機ともなりました。

そもそも、日本という国は琉球が同化するに足るような信頼すべき国なのでしょうか。

ヘルマン・ヘラーは、自著の中で次のように述べています。

「ある民族が他民族との違いを意識し、それが共同体的感情と『われわれ』意識まで発展すれば、その民族は『民族共同体』となり、政治的領域では国民となる」（ヘルマン・ヘラー・大野達司他訳『主権論』風行社）

「国家の下部構造になるのは、土地、血、群集心理的感染、模倣のような自然的・共通的な動機作用、共同体験された歴史と文化である」（同上書）

国家における「苦楽の共有」ということについて、プラトンは次のように述べています。

「楽しみと苦しみが共にされて、できるかぎりすべての国民が得失に関して同じことを等しく喜び、同じことを等しく悲しむような場合、この苦楽の共有は、国を結合させるのではないかね?」

「まったくそのとおりです」と彼。

「これに反して、そのような苦楽が個人的なものになって、国ないしは国民に起っている同じ状態に対して、ある人々はそれを非常に悲しみ、ある人々はそれを非常に喜ぶような場合、この苦楽の私有化は、国を分裂させるのではないかね?」

「もちろんです」(プラトン・藤沢令夫訳『国家(上)』岩波書店)

日本と琉球の関係においては、まさに日本によるこの「苦楽の私有化」が公然と行われています。琉球人の目からみると、日本人は琉球人と互いの幸せや苦しみを分かち合い、ともに困難に立ち向かおうとしているとはとても思えません。

また、ウィル・キムリッカは、運命共同体について次のように論じています。

「互いの運命を気づかい、互いに他者と運命を共有したいと望む場合――すなわち互いの幸せや苦しみを分かち合い、一緒に困難に立ち向かおうとする場合――、人々は同じ運命共同体に属している。言い換えれば、お互いの運命に責任を感じ、共同体が直面している困難に集団としてどう立ち向かうかを一緒に話したいと望むとき、人は同じ運命共同体に属しているのである」(ウィル・キムリッカ・岡崎晴輝他訳『土着語の政治:ナショナリズム・多文化主義・シティズンシップ』法政大学出版部)

これまで、「琉球」を口実とした日本のアクションは何度かありました。代表的なアクションとしては、古くは琉球人虐殺を口実とした台湾出兵、新しくは中国からの侵略に対する防衛を口実とした「沖縄県尖閣諸島」の国有化があります。いうまでもなく、どちらも琉球のためのアクションではありません。前者は、台湾侵略という日本の自己都合であり、後者は琉球の保護どころか単に琉球のリスクを高めただけです。要するに、日本は琉球を真の意味で運命共同体と考えたことは、現在まで一度としてなかったのではないか。

ところで、主権者という概念について、ジャン・ジャック・ルソーは次のように述べています。

「政府とは何であるか？　それは臣民と主権者との間の相互の連絡のために設けられ、法律の執行と市民的および政治的自由の維持とを任務とする一つの仲介団体である。（中略）首長は、主権者のたんなる役人として、主権者から委ねられた権力を、主権者の名において行使しているのであり、主権者は、この権力を、すきな時に制限し、変更し、取りもどすことができる」（ジャン・ジャック・ルソー・桑原武夫他訳『社会契約論』岩波書店）

ルソーにならうなら、日本政府は本来、琉球人の市民的、政治的自由を保障しなければならない。琉球人はそのために権力を日本政府に委ねている。しかし、日本政府はこれらの任務を放棄しています。であるなら、主権者としての琉球人は日本政府に委ねた自らの権力を取り戻せることになります。

さらに、ヘラーは主権について次のように論じています。

「一つの意志統一体が実効力をもった他の普遍的な決定統一体から絶対的に独立しているという特質を主権性と呼ぶことにしよう。これによって積極的に表現されるのは、当該意志統一体こそがこの特定の支配秩序における最高の普遍的な決定統一体だということである」（前掲『主権論』）

つまり、一つの国が他国から絶対的に独立し、統治地域で最高の決定統一体として存在していることが「主権的」であるということです。現在の日本は、アメリカに従属しており「主権的」な存在ではないということは既に述べた通りです。なお、戦後日本は琉球の「潜在主権」を有しているとされましたが、それはアメリカのダレス国務長官の言葉でしかなく、国際的に承認されていない実体のない言葉です。事実、日本政府は琉球人の生命や財産を守らず、琉球のために主権国家の義務を果たしてはきませんでした。

主権在民（人民主権）の原則を掲げる日本国憲法の下に琉球が置かれて四〇年以上になりますが、その原則はついぞ琉球には適用されませんでした。

プラトンは、『国家』で次のように述べています。

「われわれが国家を建設するにあたって目標としているのは、そのことではない。つまり、そのなかのある一つの階層だけが特別に幸福になるように、ということではなく、国の全体ができるだけ幸福になるように、ということなのだ。というのは、われわれはそのような国家のなかにこそ、最もよく〈正義〉を見出すことができるだろうし、逆に最も悪く治められている国家のなかにこそ、〈不正義〉を見出すことができるだろう」（前掲『国家（上）』）

日本は一八七九年に琉球を自らの支配下に置いた時から今日に至るまで、琉球に対して「不正義」を行ってきました。日本は琉球に対して国家としての「正義」を語れず、琉球は「最も悪く治められてきた」といえます。

キムリッカは犠牲を払うための要件について次のように述べています。

「現代国家において民族的出自・宗教・生活様式が異なる他者のために、犠牲を払うよう要求される。しかし人々は親族や同じ信仰を持つ者に対しては率先して犠牲を払うが、特定の条件が整わなければ、より広範な義務を受け入れようとしない。見知らぬ他者のために犠牲を払うときには、両者を結ぶ何らかの共通のアイデンティティや帰属意識がなければならない。犠牲はいつか報われるという、両者の深い信頼感も不可欠となる」(前掲『土着語の政治』)

琉球は日本によって幾度となく「捨て石」としての役割を負わされてきました。それにも関わらず、琉球人は自らの犠牲がいつか報われるだろうという日本への根拠なき信頼感と帰属意識を長い間持ち続けてきました。そうした琉球人の姿は、あまりにも純朴かつ健気であるようにみえるかもしれません。しかし、琉球人を自らと同じ日本人としか認識していない多くの日本人の中で、まさにその同じ日本人だとする琉球人が強いられてきた負の歴史的現実を理解している人がいったいどれくらいいるのでしょうか。

二一世紀になった現在、日本は報われることのない犠牲を相も変わらず琉球に強いています。日本と琉球の関係は、どこまでいってもマジョリティとマイノリティという構図でしか捉えることができません。

ここに至って、琉球における日本への同化論は崩壊しました。しかし、それは琉球人にとってひとつの絶望であると同時に希望でもあります。

同化論という虚構が崩壊した現在、琉球に残された道は、自ら固有の「民族」であることを前面に出して進む独立への道しかないのです。

以上述べてきたようなことから、琉球独立を必然としその実現に向かう時、どのような方法論を採用すべきでしょうか。

これまで、独立を果たしてきた国々には、ベトナムをはじめとして自ら血を流してそれを勝ち取ってきた国が少なくありません。私は、そうした国々の方法論をアプリオリに否定するつもりはありません。なぜなら、圧政者からの独立に関した過程にはそれぞれ固有の状況があり、何より当該国の人民が選んだ道であろうからです。

それでは、琉球の場合はどうか。まず、琉球が独立するに際して、戦闘ないしはテロといった「暴力」を中核とする方法論は非現実的であり、あり得ないことです（もっとも短絡的に独立＝テロだと言い立てる困った政治家もいますが）。理由は、一次的当事者である日本が曲がりなりにも先進国であり、かつ絶対平和を指向する憲法を擁した国であることがひとつ（昨今の状況をみると怪しくなりつつありますが）。もうひとつ、より本質的理由は、琉球人と「暴力」は極めて相性が悪いという固有の民族性にあります。

では、独立を具体化していくにはどうするか。

琉球人は固有の「民族」であること、そして現在に至るまで琉球が辿った歴史的経緯を、日本および世界、そして何よりも琉球大衆に対して証明し、独立の正当性を力強く訴えていく。最初にやらなければならないのは、そうした訴求活動であるはずです。

以下、琉球が独立するにあたって、その正当性を訴求するための主要なポイントについて解説しておきます。

ナショナル・マイノリティとしての琉球人

琉球人の民族としての位置付けは、ナショナル・マイノリティということができます。ナショナル・マイノリティとは、何世紀にもわたり先祖伝来の地と考える領土に定住してきた集団を指します。独自の「民族」ないし「人民」であるにも関わらず、既存の国家に編入された集団です。ナショナル・マイノリティ（「ホームランド・マイノリティ」とも呼ばれる）には、カナダのイヌイットやスカンジナビアのサーミといった先住民族の他、スペインのカタルーニャ人、イギリスのスコットランド人、カナダのケベック人のような民族集団が含まれます。特に後者の集団は、「国家なき民族（ネイション）」（stateless nations）や「エスノナショナルな集団」（ethnonational groups）とも呼ばれます。

国家なきネイションは、ヨーロッパでの国家形成過程の対抗者であり、自分たちの国家を樹立しようとしたが、政治権力をめぐる争いで敗れた。（ウィル・キムリッカ『土着語の政治』）

琉球人は、琉球の島々で何世紀も生活し、独立国家を自ら運営していましたが、一九世紀に入り、日本の近代国家形成過程の敗北者となったナショナル・マイノリティであり、国家なきネイションであるといえます。

ある国のナショナル・マジョリティは、外国の勢力が国境、制度、自治権を一方的に変更しようとしたら拒絶するはずです。同じように、ナショナル・マイノリティは自らの境界線、制度、権限の保障を求めることができる（同上書）。

ネイションが集合的自治と社会正義を実現する主要な集団であると、ほとんどの国家は支持している（同上書）。

琉球人は、ナショナル・マイノリティとして境界線を変更し、独自の制度や権限を確立し、集合的自治と社会正義を実現できるはずです。

また、ナショナル・マイノリティは、独立だけでなく、ケベックのように自らの言葉を公的世界で使用する権利を持っています。ケベックでは、幼少期から高等教育に至るまでフランス語教育が実施され、政府との交渉、役所や民間企業における日常業務でフランス語を使う権利が確立されています。ケベック州政府は、フランス語圏の地域からケベック州への移住には、市民権獲得の条件として英語学習を免除する他、移民を選択・統合し、帰化させる権利を持っています。

現在、琉球では「しまくとぅば連絡協議会」が設立され、「にーぬふぁぶし」や「しまんちゅスクール」等のNGO、那覇市役所や島のラジオ・新聞・テレビで、しまくとぅば（琉球諸語）の復興運動が急速に拡大しています。ケベック人のように、琉球人も言語教育を高等教育まで制度化し、琉球諸語を公的世界で日常的に使い、移民政策に対する管轄権を掌握できるはずです。

ニューカレドニアでは、フランス主導の教育制度、価値観に対抗してカナク人民学校、カナク文化祭等の文化運動が一九七〇年代から活発になり、それが同島の独立運動に火をつけました。ニューカレドニアのように、琉球でも島の歴史や文化の復興運動が独立運動に繋がる可能性は大きいと思われます。

ところで、国連は琉球および琉球人に関して、次のように認識しています。

「委員会は、締約国（日本：著者注）が正式にアイヌの人々及び琉球・沖縄の人々を特別な権利と保護を付与される先住民族と公式に認めていないことに懸念を持って留意する。締約国は、国内法によってアイヌの人々及び琉球・沖縄の人々を先住民族として明確に認め、彼らの文化遺産及び伝統的生活様式を保護し、保存し、促進し、彼らの土地の権利を認めるべきである。締約国は、アイヌの人々及び琉球・沖縄の人々の児童が彼等の言語で、あるいは彼らの言語及び文化について教育を受ける適切な機会を提供し、通常の教育課程にアイヌの人々及び琉球・沖縄の人々の文化及び歴史を含めるべきである」（第九四会期国連市民的及び政治的権利に関する国際規約（B規約）委員会の最終見解・二〇〇八年）

「ユネスコが数多くの琉球の言語、そして沖縄の人々の独自の民族性、歴史、文化、伝統を認知したことを強調しつつ、委員会は、沖縄の独自性について当然払うべき認識に関する締約国の態度を遺憾に思うとともに、沖縄の人々が被っている根強い差別に懸念を表明する。委員会はさらに、沖縄への軍事基地の不釣り合いな集中が、住民の経済的・社会的・文化的な権利の享受に否定的な影響を与えているという、現代的形態の人種主義に関する特別報告者の分析をここで繰り返す。委員会は締約国に対し、沖縄の人々の被っている差別を監視し、彼らの権利を促進し適切な保護措置・保護政策を確立することを目的に、沖縄の人々の代表と幅広い協議を行うよう奨励する」（第七六

会期国連人種差別撤廃委員会の総括所見・二〇一〇年）

以上のように、国連の自由権規約委員会や人種差別撤廃委員会は、琉球人を民族と認め、基地の強制が人種差別であるとして日本政府に改善を勧告しています。しかし、日本政府は琉球人をいまだに独自の民族と認めていません。琉球人が自己決定権を行使して独立し、米軍基地を日本に移設させることを恐れているからではないでしょうか。

他方、一九八〇年に日本政府は、自由権規約委員会への報告書で「本規約に規定する意味での少数民族はわが国には存在しない」と主張していましたが、二〇〇八年に「アイヌ民族を先住民族とすることを求める決議案」が国会で採択されました。

こうした国際的な圧力によって、将来、日本政府の琉球人に対する認識が改まる可能性があるでしょうか。

民族であることの主張

琉球人が独自な民族であることは、次のＩＬＯ一六九号条約第一条からも明らかです。

一　この条約は、次の者について適用する。

(a)　独立国における種族民で、その社会的、文化的及び経済的状態によりその国の共同社会の他の部類の者と区別され、かつ、その地位が、自己の慣習若しくは伝統により又は特別の法令によって全部又は一部規制されているもの

(b) 独立国における人民で、征服、植民又は現在の国境の確立の時に当該国又は当該国が地理的に属する地域に居住していた住民の子孫であるため原住民とみなされ、かつ、法律上の地位のいかんを問わず、自己の社会的、経済的、文化的及び政治的制度の一部又は全部を保持しているもの

二 原住又は種族であるという自己認識は、この条約を適用する集団を決定する基本的な基準とみなされる

琉球は社会的、経済的、文化的そして政治的に日本の他の地域と区別されています。琉球にのみ適用される法制度や組織があり、琉球独自の文化や社会経済、植民地主義の歴史や現状、そして多くの琉球人が自らを「ウチナーンチュ、沖縄人、琉球人」と自覚していることを考えると、琉球人は独自の民族であるといえるはずです。

また、民族国家の原則からみても、日本人と琉球人とは同じ民族とはいえません。もし日本人と琉球人が同じ民族であるなら同一の価値観を共有し、国民である琉球人の生命や財産を日本政府は守ってしかるべきです。しかし、琉球人の生命や財産を守るために大田昌秀元知事が最高裁で代理署名訴訟を闘ったにもかかわらず、一九九六年、知事が敗訴となっています。

「民族」という属性の主張は、琉球人が国際法を活用して抑圧体制から解放される一つの手段でもあります。民族とは、自らの集団を外部の抑圧者から守り、分断され統治されないように、自らの団結力を強化する集合概念でもあります。世界の先住民族や、独立を達成した民族は、自らの歴史、

文化、生存、権利、生活を守るために、国際法上の法的主体、つまりネイション（民族）として自己主張をしてきました。

世界の植民地問題の解決を目指す国連組織は、国連脱植民地化特別委員会（C－24）です。C－24は一九六一年に国連総会により設立されました。C－24は、植民地独立付与宣言の実施過程を見守り、その適応に関して関係国に勧告をし、「非自治地域」つまり植民地が新たな政治的地位を獲得するための支援をしてきました。現在「非自治地域」とされているのは、以下の一七地域です。西サハラ、アングイラ、バミューダ、英領バージン諸島、ケイマン諸島、フォークランド諸島（マルヴィナス）、モントセラト、セントヘレナ、タークス・カイコス、米領バージン諸島、ジブラルタル、米領サモア、グァム、ニューカレドニア、ピトケアン、トケラウ、仏領ポリネシア。

こうした「非自治地域」が新たな政治的地位を獲得するには、次のような国際法上の手続きが必要となります。

国連の脱植民地化特別委員会で自らの植民地状況、脱植民地化を訴える。

国際社会から支援されながら、完全独立、自由連合国、大国への統合（非自治地域の人民と統治国の人民が完全に対等であることが前提）等から一つを選択する。

国連監視下で住民投票をし、新たな政治体制に移行し、植民地から脱却する。

これまで琉球人は国連を使って自らの脱植民地化を進めてきました。一九六二年二月一日、琉球立法院は「二・一決議」を採決し、国連憲章、植民地独立付与宣言に基づいて米軍統治を批判し、同決議を国連本部と全加盟国に送付しました。一九六三年二月、タンガニーカ（現在タンザニア）で開催された第三回アジア・アフリカ諸国人民連帯大会では、「四月二八日を『琉球デー』として国際的共同行事を行うよう、すべてのアジア・アフリカ人民に訴える」決議が採択されました。

さらに、琉球人は一九九六年以降現在まで、国連の先住民作業部会、先住民族問題常設フォーラム、先住民族の権利に関する専門家機構、人種差別撤廃委員会、脱植民地化特別委員会等において脱植民地化運動を展開しました。私も一九九六年の国連人権委員会先住民作業部会にNGO市民外交センターのメンバーとして、二〇一一年の国連脱植民地化特別委員会にグァム政府代表団の一員として参加し、琉球の植民地状況の問題性と脱植民地化、脱軍事基地化の必要性を国際法に基づいて報告し、世界の民族と意見交換しました。

国際連合は一九四五年、五一ヵ国によって設立されましたが、二〇一四年一月現在の加盟国は一九三ヵ国であり、国の数は約四倍に増えています。特に一九六〇年に国連で採択された植民地独立付与宣言以降、独立国は飛躍的に増えました。大国の支配と差別から解放され、住民の生命や生活、基本的人権、慣習や言葉、土地制度等を守るために人口が数万人でも独立を達成した国々があり、世界はそれを認めています。ツバル、ナウルは人口約一万人、パラオは約二万人、ミクロネシア連邦は約一一万人でしかない。その他、マルタ、ルクセンブルク、ベリーズ、ブータン、東チモールなど世界には小規模で独立した国がいくつもあります。ひるがえって、琉球の人口は約一四〇万人であり、独立しても当然な地域ということができます。

国連の現状をみると、設立時の理想とは裏腹に大国が恣意的に運営しているという側面は確かにあります。また、国連における最重要メンバーであるにも関わらず、アメリカが「大量破壊兵器の存在」というでっちあげた理由によって、国連を公然と無視しイラク派兵を行ったことは記憶に新しいところです。

しかし、琉球が独立の正当性を訴え、国際世論を喚起するために活用するステージとして、やはり国連は重要であることもまた事実なのです。

琉球の自己決定権

「自己決定（self-determination）」とは、還元不可能な他者と認知された者による自己（個人および集団）の支配や統治からの解放を意味しています。

国連憲章、植民地独立付与宣言、友好関係宣言等の国際法により、人民の自己決定権は脱植民地化と関係付けられています。国連脱植民地化特別委員会は、「自己決定」を植民地の人々が自らの地域の政治的地位を決定することであると規定しています。

琉球人も他の民族と同様、国際法に基づいて内的自決権（国内における自治権）とともに、外的自決権（独立する権利）を行使できるはずです。

経済的、社会的及び文化的権利に関する国際規約（A規約）、市民的及び政治的権利に関する国際規約（B規約）の共通第一部第一条には「人民の自己決定権」が明記されています。同条項により、人民の自己決定権に法的権利の拘束力が与えられたわけです。
以下、同条項を抜粋しておきます。

一　すべての人民は、自決の権利を有する。この権利に基づき、すべての人民は、その政治的地位を自由に決定し並びにその経済的、社会的及び文化的発展を自由に追求する。

二　すべての人民は、互恵の原則に基づく国際的経済協力から生ずる義務及び国際法上の義務に違反しない限り、自己のためにその天然の富及び資源を自由に処分することができる。人民は、いかなる場合にも、その生存のための手段を奪われることはない。

三　この規約の締約国（非自治地域及び信託統治地域の施政の責任を有する国を含む）は、国際連合憲章の規定に従い、自決の権利が実現されることを促進し及び自決の権利を尊重する。

ここで書かれた「人民」は英語原本では「peoples」と明記されています。つまり人民とは民族を意味するのです。

琉球人も人民・民族であり、自己決定の権利に基づき、政治的地位を決定し、経済的、社会的、文化的発展を自由に追求できるのです。琉球人の土地を強制的に奪って存在する米軍基地の在り方は国際法に反しています。また、日米両政府とも国際人権規約を批准しており、琉球人の自己決定権行使を支援する義務があるのです。

なお、国際人権規約第一条が規定する自己決定権は、自分たちの国家を形成する権利を含むと解釈されています。

他方、独立は国際法学上の「海外テーゼ」によって制限されてきました。このテーゼは、海を隔てて植民地化された人民は独立する権利を持つが、同一国家内の陸続きのナショナル・マイノリティは独立する権利を持たないというものです。このテーゼによれば、太平洋上のバヌアツに住む先住民族は海外で植民地化されたため独立できるが、陸から植民地化されたスカンジナビアの先住民族は独立できないということになります。ちなみに、バヌアツは英仏の共同統治領から一九八〇年に独立国となりました。

したがって、日本から海で隔てられた琉球は、「海外テーゼ」という国際法学上の制約を受けないで独立できるはずです。

ところで、人民の自己決定権という概念は、第一次世界大戦後、レーニンとウィルソンにより民族自決の原則として唱えられたものです。生まれや身分で個人の運命が決まるのではなく、自らの意思に基づいて自己の運命を決する自然権的発想を土台として、その主体を個人から民族という集団的主体に置き換えた、国際的次元で認められた概念です。そして、一九六〇年の植民地独立付与宣言、一九六六年の国際人権規約、一九七〇年の友好関係原則宣言、一九八一年の人および人民の権利に関するアフリカ憲章（バンジュール憲章）等の採択や実施過程を通じて、自己決定権は人民の集団的権利となりました（大沼保昭『人権、国家、文明：普遍主義的人権観から文際的人権観へ』筑摩書房）。

琉球人も集団的権利としての自己決定権を行使して、歴史的、集団的に支配され、差別されてきた不正義を正すことができるはずです。

自己決定権という概念は、独立という外的自決権だけでなく、人民が自らの政治・経済・社会体制のあり方を自由に自分の意思に基づいて選択する内的自決権も含んでいます。自己決定権は国際法で創り出された権利ではなく、国際法に先行して人民の存在とともにありました（同上書）。

琉球併合で日本の植民地支配を受けた際にも、琉球人は自己決定権を有していました。したがって、琉球併合は琉球人の自己決定権を侵害する行為であったということになります。侵略、奴隷制、ジェノサイドなどとともに、民族の自己決定権の否認は国際犯罪です（同上書）。つまり、日本は琉球に対して国際犯罪を犯しているわけです。

なお、植民地独立付与宣言は、民族が自己決定権を行使できる領域を信託統治地域と非自治地域に限定せず、「まだ独立を達成していない他の全ての地域」という第三種類の領域にまで拡大させました。これにより国連は、完全な自治を有しているがまだ独立を達成していない地域の独立実現に道をひらきました（王志安『国際法における承認：その法的機能及び効果の再検討』東信堂）。

琉球は、この「まだ独立を達成していない地域」にあたります。したがって、植民地独立付与宣言に基づいて琉球は独立できるわけです。

日本は、「領土保全」の原則を主張して琉球独立を阻もうとするかもしれません。しかし、脱植民地化過程で「領土保全」の原則は植民地人民の自己決定権に内包されるのであり、この権利を行使する人民の国土保全を意味すると国際法では理解されています（同上書）。つまり日本ではなく、琉球が「領土保全」の原則に基づくことができるのであり、施政国である日本は国際法上、琉球独立を妨害できる法的根拠を持っていません。

国家形成（独立）の権利

琉球は、世界的にみても古い植民地のひとつです。そして、現在の植民地という政治的地位から脱却する、つまり独立国家をつくる権利は国際法で保障されています。

国際社会は、委任統治地域や信託統治地域、非自治地域といった概念を作り出す際に、同地域を施政する国家が当該領域の主権を有しているとは認めていません。つまり、同地域に対する国際的責任を伴う施政権しか持っていないのです。国家形成の権利は、施政国の主権と対峙するのではなく、その施政権と対抗しています（王志安『国際法における承認』）。

一九七二年、琉球に対する施政権がアメリカから日本に移管されましたが、琉球人が有する国家形成の権利は、日本の主権ではなくその施政権と対抗しているのです。既に述べたように、「復帰」前の潜在主権は実体のないものです。したがって、琉球併合や「復帰」後に設置された沖縄県に対して、日本が主張する主権の正当性は国際法上確立されず、琉球人の住民投票（合意）で認められていません。

ところで、国家形成に関しては、二つの理論があります。第一の創設的効果理論は、他国の国家承認で国家性が確認されるという考え方です。第二の宣言的効果理論は、新国家が存在すると同時に第三国の承認とは無関係に国際法上の主体となり、国家としての権利義務を保持できるという考え方です（同上書）。

一九八八年一一月、パレスチナ国家評議会は、パレスチナ独立国家の樹立を宣言しました。パレスチナのケースでは、伝統的な国家性の基準や定まった領土や実効性の要件が充たされていませんでしたが、国連総会は自己決定権の原則に基づいて、パレスチナ独立の宣言を認めました。また、多くの国は承認と同時にパレスチナ国と外交関係を締結しました（同上書）。

さて、琉球は日本から独立できるでしょうか。独自の地位を有する人民、または少数者が国家内で制度的に抑圧され、政治への平等な参加を拒否され、重大な人権侵害が強いられている場合、分離独立は抑圧を排除する手段として、国際法において正当性を持つとされています（同上書）。先に述べたように、大田昌秀元知事が琉球人の生命や生活の安全を求めた代理署名訴訟は日本の最高裁判所で敗訴になりました。また、民主主義的な手続きに基づいてオスプレイ配備反対や辺野古新基地建設反対の意志を表明したにも関わらず、法制度的に米軍基地が押し付けられました。琉球は、このような抑圧を排除するために、自らの国家を創成する権利があるはずです。

日本人は琉球人の権利や利益ではなく、自らの権利や利益のために政府を運営しているとしか考えられません。琉球人の内的自己決定権が日本では認められないのなら、外的自己決定権、つまり独立する権利の行使は当然認められるはずです。

国連総会は、独立という自己決定権を行使する主体を認定する権限を持っています。施政国が独立に反対する場合でも国連総会の認定は有効であり、その実行も徹底されていました（同上書）。イスラエルやアメリカの激しい反対にも関わらず、二〇一二年に国連総会はパレスチナをオブザーバー国家として認めたのです。

第一一章　多角的な国際関係構築による安全保障

地政学の劇的変化と琉球のとるべき戦略

ここで、戦後史を琉球に引き寄せてざっと俯瞰してみましょう。

戦後、長らくアメリカとソ連という二大覇権国によって構築された「冷戦」という名の世界秩序が「核」を「抑止力」として存在していました。もちろん、東アジアの国々もその秩序の中に組み込まれていました。そして、日本はアメリカの実質上の植民地として「核の傘」と「在琉米軍基地」を柱とした安全保障体制の下、経済の成長と拡大に専心することができました。しかし、その陰に琉球人の犠牲があったことはいうまでもありません。

ところで、日本の降伏、米軍統治、日本への「復帰」、という琉球の戦後史において、琉球の政治的地位の決定は、アメリカの独断で行われてきました。そして、その決定過程では、明らかに国際法に違反すると考えられる措置があったことは指摘しておいてもよいでしょう。

ひとつは、琉球に対する「施政権」の問題です。米・英・中（中華民国）による「ポツダム宣言」を日本は受け入れて無条件降伏をしましたが、その第八条では「日本国の主権は本州・北海道・九州及四国並に吾等の決定する諸小島に局限せらるべし」と決められています。もし日本の領土を四島以外に拡大するのであれば、同盟国による共同決定の手続きが求められるはずです。しかしアメリカは、イギリスや中国（中華民国）と協議することなく、日本に琉球の施政権を移しました。つまり、アメリカの措置は「ポツダム宣言」という戦勝国間の公的契約に違反しているわけです。

また、アメリカはサンフランシスコ講和条約第三条で琉球を信託統治領にするとしましたが、それは実行されませんでした。仮に琉球が信託統治領になっていれば、国連の信託統治理事会の管轄下に入り、国連の監視を受けながら将来の政治的地位を決定できたはずです。

ちなみに、中華民国（台湾）政府外交部は、一九七一年と一九七二年に次のような声明を発表しています。

「中華民国、アメリカ、イギリス間の協議がなかったが、アメリカが琉球の施政権を勝手に日本に移したことは『カイロ宣言』『ポツダム宣言』に反し、不満であり、またアメリカが魚釣島を日本に渡したことにも断固として反対する」

一九四三年、アメリカ、イギリス、中華民国が署名した「カイロ宣言」には、次のような文言があります。

「日本国が奪取し又は占領したる太平洋に於ける一切の島嶼を剝奪すること並に満洲、台湾及澎湖島の如き日本国が清国人より盗取したる一切の地域を中華民国に返還するとに在り。日本国は又暴力及貪慾に依り日本国が略取したる他の一切の地域より駆逐せらるべし」

琉球は、日本国がまさしく「暴力及貪欲に依り略取した地域」です。

さらにいえば、一九七二年の日米沖縄返還交渉において論議されたのは、「施政権」の日本への委譲であり、「領有権を含む主権」は協議されていません。沖縄返還協定の第一条は「施政権の返還」であり、領土権、主権に関する記述はないのです。また琉球の「沖縄県」という政治的地位の決定過程では住民投票が実施されず、諸外国の承認もありませんでした。つまり、国際法上の手続きを無視して「復帰」が決定されたのです。

以上述べてきたように、戦後における琉球の政治的地位は、国際的慣例、あるいは国際常識とは無関係にアメリカという覇権国家のその時々による恣意的な判断によって決定されてきました。もちろん、日本はそれを歓迎しましたが、どのみち敗戦国である日本にアメリカへの影響力などあろうはずもありません。

確かに、敗戦時、あるいは日本への「復帰」時に、「大東亜戦争」に動員された帝国臣民であった琉球人が、正論を以て国際社会に訴えたとしても琉球の戦後は変わらなかったでしょう。また、沖縄返還交渉時に際して、日本への「復帰」を本気で熱望していた琉球人が多数いたことは事実であり、たとえ住民投票を行っていたにしてもその帰趨はわかりませんでした。しかし、結果はどうあれ、琉球人は自らの頭で考え、自らの意志を国際社会に対して強く発信すべきだったのです。なぜなら、そうした「声をあげて正論をいう」という習慣が、結局は琉球の「自立」、そして「独立」につながると考えるからです。

歴史に「もし～」を持ち出すのはナンセンスであることは重々承知しています。承知してはいますが、あえて琉球の過去を振り返ったのは、その評価、考察を通して、これから琉球人が独立を目指す時、様々な教訓を得られるはずだと考えたからです。

過去から学ぶ教訓のひとつは、「何もしなければ何も始まらない」という実に月並みなことです。もちろん、薩摩藩による琉球侵略から現在に至るまで、自立ないしは独立を目指した琉球の運動家は常に存在しました。ただ、残念ながらそれは琉球大衆を巻き込んだ広範な運動とはなりませんでした。第九章で述べたように、琉球人にとって、自らの裡に在る「骨くされ根性」を克服し、かつ指導層における様々な対立概念を止揚しながら、琉球人の「自己決定権」を行使するための大規模な運動を展開することが今日的課題なのです。

もうひとつの教訓は、「他者に依存せず自ら拠って立つ」という、これまた当然といえば当然過ぎる教訓です。琉球は日本による侵略あるいは併合時に、清という過去の大国を頼りました。また、戦後は米軍基地撤廃に関して日本という敗戦国を頼りました。その結果については、改めて述べるまでもありません。また、仮にどこかひとつの大国を頼ることにより一時的に危機を回避できたとしても、それは「自立」と呼べるものでないことはいうまでもありません。

さて、ここまで戦後という「過去」について述べてきましたが、現在、世界、特に東アジアの地政学は激変といってもよい変化を遂げています。安倍首相に教えを乞うまでもなく、戦後体制というアンシャンレジウムは確かに崩壊し、新たな環境が出現しています。この変化の契機となったのは、何といっても一九九一年に起きたソビエト連邦の解体でしょう。そして、それに続く中国の急激な軍事力、経済力の膨張は、それまでの地政学を一変させました。いまや、中国は日本を抜いてアメリカに次ぐ世界第二位の経済大国であり、アメリカを別にすればロシアと肩を並べる軍事大国でもあります。

国内に様々な矛盾を抱えながらも、中国は「富国強兵」政策を強力に推し進め、アジアの盟主としての地位を固めるだけでなく、アメリカと並ぶ二大覇権体制を目指しているようにも見受けられます。二〇〇八年に人民解放軍の幹部がアメリカの太平洋軍司令官に「太平洋の真ん中に線を引いて分け合おう」といったのは、冗談ではなく本音でしょう。「独裁による言論統制」と「資本主義」、そして「覇権主義」が渾然一体となった現在の中国の在り方は、どこか戦前の大日本帝国を思わせないでもありません。

ともあれ、こうした東アジアの地政学的混沌《カオス》において、琉球の「独立」あるいは「独立後」を考える時、琉球人には高い理念と強い意志、そしてしたたかな戦略が求められるということは言を待たないところです。

琉球は、確かに小さな国（あえてここでは国と呼びます）です。しかし、絶望したり怖れたりすることはありません。小さな国だからこそ可能になることもあるのです。

どう間違っても、琉球が他国を不安にさせるような軍事力や経済力を有す国になるはずはありません。一般的な意味での「国力」の小ささは、少なくとも琉球自体を排他的に攻撃対象とする侵略はあり得ないということを意味します。現代世界では、薩摩藩による琉球侵略のようなことは現実には起こりません。ただ、琉球に他国の軍事力がどんなかたちであれ存在するとなれば話は別です。

つまり、琉球の安全保障を担保するのは、完全なる非武装中立しかあり得ないのです。中途半端な軍事力など、リスクでしかないということは誰にでもわかるはずです。

完全非武装の国家は、ブータンや太平洋島嶼国など、現実に存在しています。ただ、ブータンの場合実際には安全保障をインドに委託し、太平洋の島嶼国はそれを潜在的にではあれアメリカ等旧宗主国に依存しています。琉球の非武装中立は、こうした国々よりもっとラディカルなかたちをとらなければなりません。すなわち、政治的にも完全な中立を実現しなければならない。クラウゼビッツの『戦争論』の冒頭にある「戦争は政治の延長である」という至言はまさしく真理なのです。

現存する主権国家において、武装自衛権と交戦権は極めて重要な主権であるとされています。しかし、琉球国はこの主権を完全放棄すべきだと私は考えています。のみならず、どのような大国にも安全保障を委託しない。あえていうなら、全世界の国々にそれを委託する。そのような在り方の国家を目指すべきだと考えています。「主権国家」から「国際国家」へ。それは、もしかすると戦後日本がなり得たかもしれない新しい国家像といえるのではないでしょうか。

さて、それでは琉球は「防衛力」を持たなくてもよいのか。そんなことはありません。残念ながら、現在の主権国家は、その大半が自らの裡に「帝国主義」的感性を有しています。そうであるなら、琉球も当然「防衛力」を持たなければなりません。ただし、琉球の防衛力とは「力」ではなく「関係」であるべきでしょう。すなわち、完全中立を掲げ、相互を尊重した多国間との対等な関係構築。それこそが、琉球の防衛力となるはずです。そして、そのためには、高度な外交能力が必要とされます。琉球は、誰も否定できない普遍的理念と、多国間ネットワークを武器として将来を切り拓いていくべきです。琉球王国時代、琉球人は中国と日本という二つの大国の間でバランスのとれた国交を維持していました。元来、琉球人とはそうしたセンスのある民族であるはずです。

それでは、以下に琉球独立と関連付けて特に主要と思われる国をあげて論じてみることにします。

琉球独立と日本の安全保障

いきなりではありますが、ここで直言しましょう。日本および日本人は、琉球の独立、および独立後の琉球を支援すべきです。いまからでも遅くはありません。私は、日本人の覚醒を猛烈に要望する者です。

無理が通れば道理は引っ込むのが現実の世界ではあります。しかし、やはり「道理」は最終的に勝利を収めるはずであり、日本と琉球の現在の関係はどうみても無理筋なのです。

侵略から始まった日本と琉球の近現代史の実相は、ほんの少しでも調べてみれば誰でも理解できるはずです。ぜひとも理解した上で、沈思し黙考してみてください。日琉関係の異常さと、琉球人の憤りがわかるはずです。

日本による突然の侵略とそれに続く併合、「大東亜戦争」における犠牲の集約政策、戦後の米軍基地維持政策等々。そうした、日本による琉球に対する汚物処理場のごとき扱いは、いやしくも「平和国家」たらんとする現代の日本において、あってはならないことであるはずです。

ソ連に代わって、それまでほとんど気にも留めていなかった後進国中国が、いきなり大国として台頭し日本を脅かしている。やくざな北朝鮮の暴走も気にかかる。在琉米軍基地は、それに対抗する安全保障システムの中核であらねばならない。琉球人は、同じ日本人なのだからわがままを言わず、我慢するべきだ。そのかわり、補助金を出そうじゃないか。さらに、その現状を補強するためには、憲法の解釈変更をして集団的自衛権を確立しよう。

ほとんどの日本人は、ざっと以上のような思考状態にあるのではないでしょうか。

琉球人からすると、当然のことながら「ずいぶんと能天気な思考様式ではないか」ということになります。仮に、日本の安全保障の目玉が在琉米軍基地であるとして（それ自体私には幻想としか思えませんが）、なぜそれが琉球に集中せねばならないのか。なぜ、常に日本のリスクが琉球に集約されねばならないのか。補助金は、本当に琉球人を潤わせているのか。日本の人々は、他者の中に自己を投影して考えてみる、ということを一度くらい試みてみてもよいでしょう。

しかし、いずれにせよ琉球にとって、こうした中央政府対地方自治体という構図の中での議論は既に意味を持ちません。現在の課題は、同化するための差別撤廃というテーマから、独立するために構築すべき日本との関係性というテーマに移っているのです。

ところで、現在大多数の日本人は、米軍基地を抜きにして自国の安全保障を考えることを放棄しているように見受けられます。しかし、本当に日本はこれからも日米同盟という錦の御旗の下に、東アジアの中で生きていこうとするのでしょうか。また、そもそもアメリカという一国のみに依存して、安全保障システムを築くことができるのでしょうか。

よく考えれば誰にでもわかることですが、アメリカは（アメリカに限りませんが）、アメリカの国益しか考えていません。当たり前のことです。元来、国家とはそのようなものです。したがって、東アジアで紛争があったとしても、アメリカが積極介入するかどうかは、アメリカの総合的利益を勘案した結果決定されるわけです。日本の事情など、関係のないことなのです。しかも、近年アメリカの国力は目にみえて衰えてきているということは、衆目の一致するところです。

それにも関わらず、為政者を含めた大方の日本人が思考停止状態に陥ったかのように、日米同盟さえ存在していれば安全保障は万全であるというナイーブな幻想を未だに抱き続けているのはどうしたことでしょう。なぜ、現実を視ようとしないのか。そうした感性は、「敗戦国の感性」といってよいものです。つまり、日本はアメリカに対してだけは、未だに敗戦国として在り続けているのです。

少なくとも世界第二位の経済大国になった時点で、日本はアメリカから独立すべきでした。そして、その経済力を使ってアジア諸国との懸案をすべて一気呵成に解決し、アジアにおける緊張緩和と新たな安全保障体制を、他の国々と共同して構築すべきでした。もちろん、その中に「琉球問題」も含まれます。日本の独立の先送りは、琉球に犠牲を強い続けることを意味しています。

日本にとってアメリカからの独立は、自らの軍事力の強化につながるわけではありません。そうした発想は、古いのです。

現在、アジアに緊張をもたらしている直接的な要因は領土問題であり、日本もその当事者です。確かに、領土問題は国家間における最もシリアスな問題のひとつです。なぜなら、互いに譲る気のない国家間において、領土問題の最終的かつ明快な解決手段は戦争でしかないからです。しかし、現代の文明は、必ずしも明快ではないにせよ他の方法もあるということを示しています。すなわち、領土問題の棚上げです。利害が衝突する境界を、意図的に曖昧にしておくということは政治的知恵というものです。その意味で、尖閣諸島の国有化は日本政府の重大な失政といえるでしょう。逆に軍事力と経済力を背景に覇権国家を目指す中国にとって、日本政府のとった措置は実は歓迎すべきことだったのかもしれません。日本の政治家は、口を開けば「国益と現実的政治」について教えを垂れたがりますが、尖閣問題においては国益と現実をまったく無視した政治判断だったとしかいえません。

話を日本の安全保障に戻しましょう。日本は、「力」には「力」を、といった旧来の安全保障に関する発想を根本的に見直すべきです。中国の「力」に対し、日本は広範なアジア諸国との「関係」をもって対抗すべきです。日中という二大国の武力衝突は、琉球はもちろんのこと、近隣諸国にとって悪夢でしかありません。

繰り返しますが、日本は琉球の独立を認めるのみならず支援すべきです。なぜなら、琉球独立は琉球人の正当な要求であるということとは別に、日本の新しい安全保障の確立に多大な貢献をするはずだと考えるからです。

通常、既得権益の放棄は国益の棄損と解釈されがちですが、目先の国益と本質的国益は異なります。日本は、琉球を喪失した場合の損失と利益を冷静に測るべきです。

まず、日本の積極的支援によって琉球独立が実現した場合、中国やロシアが「力」による国益確保を試みているように未だパワーポリティクスがまかり通る現在、それは世界から「快挙」と見做されるはずです。とりわけ、日本による侵略という記憶の残滓が残る東南アジア、太平洋島嶼国、そして台湾からは歓迎されるはずです。また、北朝鮮、韓国、中国も、本音はともかく歓迎せざるを得ないでしょう。自国の国益が損なわれるアメリカといえども、まさか武力介入などできるはずがありません。

そうした状況の中で、日本は琉球をはじめ、ASEAN諸国、太平洋島嶼国と改めて平和友好条約を締結することにより対等な関係を築く。そして、相手国を尊重した適切な投資と技術指導を行うことによって、それらの国々の国力を向上させることができれば、市場としての成熟も期待できるはずです。また、日本の世界最高水準ともいわれる環境保全技術の移転は、関係諸国の「新しい経済創造」に貢献し、結果的に日本の国益に寄与するはずです。

こうした軍事力を基盤としない「辺境連合」とでも呼ぶべき新たなネットワークの構築は、アジアのみならず世界の国々から共感を得ることができます。

確かに、現在の中国は強大な国です。しかし、その中国といえども世界の中に組み込まれていることに変わりはありません。たとえば、EUと日本が経済制裁を行っただけで、現在の中国経済は崩壊します。アジアに充実したネットワークを創出することができれば、現在中国がベトナムやフィリピンに対して行っているような所業は不可能になります。その結果、中国も軍事力によらない新たな国益確保の道を模索し始めるはずです。

このように、琉球独立は日本に、次元の異なった、まったく新しいプラスの連鎖を呼び込むのです。

台湾の多国間関係構築

台湾は、まぎれもない先進国ですが、そのポジションには特異なものがあります。すなわち、「一つの中国」原則を掲げる中国からの圧力を常に受け続け、国際社会からの孤立を強いられているからです。実際、中国市場を頼る多くの国々は、中国の意向を汲み台湾との外交関係を持っていません。

しかし、そうした逆境にあるにも関わらず、台湾は諸外国との外交関係を通して、自らの国家主権を強化し、独立を実質化してきました。そして、こうした台湾の在り方は、琉球の独立にも示唆を与えてくれます。

台湾と外交関係を樹立した太平洋島嶼国としては、パラオ共和国、マーシャル諸島共和国、ソロモン諸島、ツバル、キリバス共和国、ナウル共和国があります。

また、太平洋島嶼国以外で台湾が外交関係を結んでいる国は、次の通りです。

欧州（一ヵ国）：バチカン。中南米・カリブ（一二ヵ国）：パナマ、ドミニカ共和国、グアテマラ、エルサルバドル、パラグアイ、ホンジュラス、ハイチ、ベリーズ，セントビンセント、セントクリストファー・ネーヴィス、ニカラグア、セントルシア。アフリカ（三ヵ国）：スワジランド、ブルキナファソ、サントメ・プリンシペ。

以上、太平洋島嶼国を含めて現在、二二ヵ国が台湾と外交関係を締結しています。つまり、これらの国々はすべて、台湾を国家承認しているわけです。

ちなみに、アメリカは一九七九年に台湾と国交を断絶し、中華人民共和国と外交関係を締結しましたが、一方で台湾に関して次の「台湾関係法」を制定し、実質的には台湾を国家として承認しています。

「台湾に関する米国法の適用は（米台間に）外交関係、承認が存在しないことにより影響を受けるものでなく、一九七九年一月一日以前に台湾に適用されていたと同様、台湾に関し適用される。米国法が外国（foreign countries）、国（nations）、国家（states）、政府あるいは類似の存在（similar entities）に言及し、または関連する場合は、常にかかる用語は台湾を含み、またかかる法律は台湾に関して適用される。米国は、台湾の人々の安全、あるいは社会または経済体制を危険にさらす如何なる武力行使または他の形による強制にも抵抗する能力を維持する」

二〇〇六年、台湾政府は『第一回台湾・太平洋友好国サミット』をパラオで開きました。陳水扁総統が搭乗した政府専用機の尾翼には、中華民国の国旗が描かれており、同機は初めて台湾総統の外遊に利用されました。陳総統は、中国の圧力で台湾が国際社会の中で非常に困難な立場に置かれ、国号、国旗、国歌が自由に使えない状況を挙げて、「こうした場で台湾はさまざまな譲歩や妥協を強いられたものの、我々は持つべき権利と尊厳を放棄してきたわけではない。国家主権の象徴である空軍一号に台湾の元首が搭乗しての公式訪問は、台湾の外交上大きな一歩である」と述べています（『台湾週報』二〇〇六年九月四日）。

台湾政府は、次のような同サミットの目的を示しました。

① 太平洋民主主義諸国家との連携を強化し、国際社会における台湾の外交の場を創出する。台湾の国際的イメージを向上させ、一部の太平洋島嶼国の台湾に対する誤解を払拭する。
② 中国が「中国・太平洋島嶼国経済発展協力フォーラム」で推し進めた金銭外交を通じた台湾への圧力に対抗する。

また、陳総統は同サミットに出席した六ヵ国の首脳とともに共同声明（パラオ宣言）に署名し、島嶼国に対する支援策を提示しました。同声明で、台湾は独立国であり、国連や世界保健機関（WHO）等の国際機関に参加する権利を剝奪されてはならず、国際的な組織や地域の活動への台湾の参加を今後とも支持するとの決議がなされました。

パラオ国立博物館には、台湾原住民コーナーがあり、原住民族の生活を紹介するとともに、太平洋諸島文化と台湾原住民文化との類似性、歴史的関係性に関する説明がなされています。台湾の原住民はマレー・ポリネシア系であり、約三千年前、台湾から人類が太平洋諸島に移住して島々に定住しました。

ところで、「一つの中国」原則とは次のようなものです。

① 中華人民共和国と外交関係をもつ国家が台湾の「中華民国」を国家承認せず、これとの関係を「民間関係（非政府関係）」に限定する。

② 国連を初めとする政府参加の国際機関は台湾の参加を拒否し、中華人民共和国と国交のある国家も台湾のこれらの機関への参加を支持しない（若林正史『台湾総合研究Ⅱ：民主化後の政治』アジア経済研究所）。

しかし、「一つの中国」原則はあくまで原則であり、実質的に台湾は国家として存在しています。私がパラオで働いていた一九九九年に次のような経験をしました。

パラオで開かれた南太平洋フォーラム（現在の太平洋諸島フォーラム）総会の域外国対話会議の際、中国政府代表が台湾政府代表を見つけ会場からの撤退を激しい剣幕で求めました。すると、台湾政府はパラオの他の場所で、台湾と外交関係を有する島嶼国との話し合いの場を設けました。以降毎年、台湾政府が太平洋島嶼国と公式会議を開くことを、国際機関である太平洋諸島フォーラムは認めています。

台湾は、以下のように太平洋地域機構に対してもＯＤＡを提供しています。

一九九二年から二〇〇六年まで、ＳＰＣ（South Pacific Committee, 現在は Pacific Community に名称変更）、ＳＯＰＡＣ（Applied Geoscience and Technology Division）、ＳＰＲＥＰ（Pacific Regional Environment Programme）、ＵＳＰ（University of the South Pacific）等、八機関に対し約一〇〇万米ドルの援助を提供。

一方、台湾は外交関係を締結していない島嶼国に対しても国際機関を通して支援活動を実施しています。

一九七二年、台湾がフィジーに大使館を開設します。しかし、一九七五年、中華人民共和国とフィジーが外交関係を結んだため、中華民国大使館から同商務代表部に名称変更しました。この駐フィジー中華民国商務代表部が国際機関向け援助を調整し、現在もフィジー政府は台湾政府から様々なODAを受けています。

私が二〇〇六年にフィジーで調査をした際、台湾政府主催のフィジー全島ラグビー大会に参加しましたが、大会にはフィジー国会議長、国会院内総務も観戦にやってきました。台湾ナショナルチームはフィジーで一ヶ月合宿を行い、同大会でフィジーナショナルチームと対戦しました。

太平洋島嶼国は、外交関係の締結という独立国家の権限を活かして、台湾から援助・投資等を引き出し、基盤整備、財政の安定化、経済発展等を進めてきました。中華人民共和国から軍事的な脅威を受け、国際的な活動を妨害されている台湾は、国としての存続をかけて、世界の国々と外交関係を結ぶという現在の中国とはまったく異なった「海洋政策」を推し進めています。

琉球と台湾

琉球と台湾は、隣り合う島嶼であり古くから交流があります。そして、琉球の独立および独立後に関して、とりわけ影響を与え合う存在になりそうな国でもあります。

ここでは、人と人との関係性である民際的視点から両島嶼の繫がりについて述べてみましょう。

日清戦争後、台湾は日本の植民地になり、琉球と台湾との間でヒト・モノ・カネが自由に行き来しました。台湾から多収穫品種の蓬萊米や水牛が導入され、琉球の稲の収穫が増大しました。また石垣島に移住した台湾人の曾清権《そせいけん》が一九三三年にパイン栽培を始めましたが、その後パインは琉球の主要な農産物になっています。

また、八重山諸島からは、仕事を求めて多くの琉球人が台湾に渡って働いています。台湾で働いて帰ってきた女性は「台湾さがり」と呼ばれ、もてはやされたそうです。

私事になりますが、私の父も台湾の基隆で生まれています。叔母は台湾で働き、石垣島に住む家族に送金していました。また、神戸・琉球・台湾間を航行した大阪商船の船員であった祖父は、石垣島にあった宅地を小学校用地として寄付し、台湾に新たな生活の場を求めました。太平洋戦争後、神戸に一年住みましたが、寒い日本での生活で祖母が体調を崩したため家族皆で石垣島に戻っています。

与那国島は戦前、台湾に移住した人々からの送金で潤い、日本銀行券よりも、台湾銀行券の方が多く使われたほどです。与那国島から台湾には豚、イモ、鰹節が、台湾からは日用雑貨や農機具が与那国島に渡りました。戦後の一時期、台湾と与那国島間で密貿易が繰り広げられ、経済活動が活発になり人口も約二万人以上になりました。一九四九年の町長選挙では、日本復帰論者、琉球独立論者、台湾帰属論者の各候補者がいたことが記録に残っています。ここで、台湾帰属論者がいたという事実は非常に興味深いことです。

私は幼少期に与那国島に三年間住んでいますが、島から台湾を見たことがあります。与那国島と台湾との距離は約一一〇キロメートルしかないにも関わらず、両島間には定期船の就航もありません。現在、日本政府は同島に自衛隊基地を配備して島嶼防衛の拠点の一つにしています。基地の配備は、同地域の緊張を高め、島の孤島化につながっています。結局のところ、琉球の地理的有利さは日本の中央集権体制下では活かせないということです。琉球は、独立することによって台湾との直接交流も可能になるでしょう。

台湾と琉球との民際的交流として注目されているのがカマイサミットの開催です。カマイとは西表島の言葉で、イノシシのことです。私は、二〇〇七年に西表島で開かれた第二回カマイサミットに参加しました。そのサミットには台湾から原住民が招かれ、台湾、琉球の島々で今も継承されている狩猟文化について話し合い、ともにカマイを食しました。

一九〇三年の第五回内国勧業博覧会内にあった「人類館」には琉球人とともに台湾原住民も見世物にされています。両者ともに差別の対象になった歴史を有していますが、現在では隣り合う島嶼同士として帝国の地政学、国境を飛び越えて民際的な関係性を形成する様々な試みが展開されるようになっています。

琉球を訪問する外国人観光客の中で最も多いのが台湾人です。台湾は琉球への投資活動をも視野に入れており、琉球も身近な外資として台湾企業の進出を歓迎しています。一九九六年、台湾国民党は琉球に対して一〇億ドル規模の投資計画を明らかにし、投資調査もなされました。しかし、琉球内の規制の煩雑さ、高い税金等を原因として、現在まで大規模な台湾投資は実現していません。既に述べましたが、琉球内に自由貿易地域、特別自由貿易地域が設けられました。そこは本来、台湾を含む海外からの投資を呼び込む場所になるはずでしたが、日本政府が「特別制度」を骨抜きにしたため琉球と台湾との経済交流は深化していないのが現状です。現在、琉球を飛び越えて台湾と太平洋島嶼国との間で経済的、政治的なネットワークが強化されています。

今後、琉球の経済的分権化、独立化を進めていく過程で、台湾と琉球間では関税撤廃だけでなく、経済取引とヒトの移動の自由、法制度の統一化、規制の緩和等を促す経済連携協定（ＥＰＡ）を締結する必要があるでしょう。それを通じて両島嶼に拠点をおく企業、ＮＧＯ・ＮＰＯ、行政等がモノ、投資資金、ヒト、情報、サービス等を自由に流通、交換、移動させるようになれば、将来は同一の社会経済圏が形成されるはずです。

また、琉球は台湾を通じて太平洋島嶼国との経済・文化関係を構築できます。琉球は太平洋島嶼国との間でも経済連携協定を締結し、太平洋諸島フォーラムに琉球がオブザーバーとして（独立後は正式メンバーとして）参加し、同じ島嶼として政治的、経済的、文化的関係を強化していくことになります。

太平洋島嶼国と琉球

一九七〇年代以降に太平洋諸島の独立が増えた理由として、一九七一年に設立された太平洋諸島フォーラムの存在と役割を挙げることができます。

太平洋諸島フォーラムは、パプアニューギニア、フィジー、サモア、ソロモン諸島、バヌアツ、トンガ、ナウル、キリバス、ツバル、ミクロネシア連邦、パラオ、マーシャル諸島、クック諸島、ニウエの太平洋島嶼国とオーストラリア、ニュージーランドをメンバーとしています。同フォーラムには各種の機関があり、年次総会を開き、島嶼国の政治経済、安全保障等の幅広い分野にわたる議論を行い、島嶼国が抱える問題の解決を目指すとともに、国際社会に島嶼国の声を届け、影響力を及ぼしています。

一九七〇年にフィジーやパプアニューギニアの代表による核実験反対決議案を南太平洋委員会に提出したにも関わらず、採択されませんでした。南太平洋委員会（現在の太平洋共同体）とは、旧宗主国が主導権を握る太平洋の国際機関であり、そこでは核実験問題や島嶼の独立を議論することができませんでした。フランス、アメリカ、イギリス等は太平洋において核実験を行なってきました。そこで、西サモア（現在のサモア）、クック諸島、ナウル、トンガ、フィジーがこれらの政治問題を自由に議論できる国際機構として南太平洋フォーラムを結成し、同フォーラムが太平洋諸島の独立を支援するようになったのです。

島嶼国の人口は少なく、領土も狭いのですが、独立することで次のようなメリットを手に入れることができました。

① 外交権の行使により、援助金を旧宗主国以外の国々から獲得。

② 国際的貿易協定（コトノウ協定、スパーテカ、自由連合盟約、ＡＰＥＣ、ＷＴＯ等）への参加による国内産業の振興。

③ 島嶼国が主体になった国際機関（太平洋諸島フォーラム等）を組織し、政治経済、安全保障

面で世界の大国と交渉し、島嶼国間の協力関係を強化。

④　広大な排他的経済水域を有し、水産・海底資源に対するアクセス権の保有。

⑤　憲法や法制度を制定して島嶼独自の土地制度や文化の保持、独自な経済政策の実施。

⑥　島嶼国との外交関係締結を巡って展開されている中国と台湾との競争関係を利用して、両国から政府開発援助や投資機会の獲得。

次に、私が日本国大使館職員として働いたことがあるパラオの独立から、琉球が何を学べるのかについて論じてみましょう。

パラオの植民地化と独立は、次のような過程で進みました。

一八八五年にスペインの植民地になったものの、一八九九年にはドイツに売却され、その支配下に置かれます。第一次世界大戦後、日本の軍事統治期を経て、一九二〇年に日本が統治する国連委任統治領となりました。一九四七年には国連戦略的信託統治領となり、アメリカの支配体制が確立します。一九七八年に行なわれた住民投票の結果、ミクロネシア諸島を一体として独立させようとアメリカが考えていた「ミクロネシア連邦」の一部ではなく、単独で独立することを決定しました。一九八一年に非核条項を有する憲法が発布され、自治政府が設立されました。しかし、その後七回、独立を問う住民投票が実施されましたが、独立に必要な七五％以上の賛成票を得ることができませんでした。その背景には、パラオ憲法の非核条項に反対するアメリカの圧力と、それによる島内社会の分裂と対立がありました。一九九三年の第八回目の住民投票により、独立後の対米関係を取り決めた自由連合盟約が承認され、一九九四年一〇月一日に自由連合国として独立します。自由連合国とは、内政権、外交権は自国が持つが、軍事権は他国が有するという国のことです。しかし、独立前にパラオ大統領が米政府に書簡をもって基地機能の制限を確約させたため、琉球と違って米軍による軍事訓練は行われず、基地も小規模であり開放されています。パラオは、一九九四年には国連に加盟しました。

パラオの人口は二万六〇九人（二〇一一年世界銀行）であり、通貨は米ドルを使っています。パラオ語、英語が公用語ですが、アンガウル州では日本語も公用語に含めています。パラオの国会や政府内ではパラオ語で議論が行なわれており、国策決定過程において外国政府の介入や圧力を「言葉の壁」によって防いでいます。これは私自身がパラオ政府との仕事の中で体験したことです。

国政は、アメリカを参考にして、大統領制と三権分立が確立されています。パラオ政府には、大統領府・副大統領府の下に八つの官庁（国務省、法務省、財務省、公共基盤・産業・商業省、自然資源・環境・観光省、教育省、社会・文化省、保健省）があります。議会は上院と下院の二院制であり、上院議員は全国区、下院議員は一六各州から選出されています。各州はそれぞれ憲法を有し、政府や議会がおかれ、地先の海に対しても権限が認められる等、分権が確立されています。

非核条項（アメリカには適用されませんが）のある憲法には、近代的な条項の他に、伝統的な首長の権限や慣習法の効力が明記されています。首長は文化・儀礼的な事柄や土地利用などに影響力を持っています。

パラオは、人と環境との共生を柱にした国づくりを進めてきました。

一九七〇年代に、石油備蓄精製基地建設計画（琉球では平安座島に建設されましたが）に対して激しい反対運動が展開され、その建設は阻止されました。パラオ経済の中心は観光業ですが、自然（環境資源）の安売りをしていません。二〇一三年九月のパラオ調査時に、パラオ観光局の幹部は次のような観光政策方針を語ってくれました。

パラオの貴重な自然に敬意を払う観光客が来島すればよいのであり、観光客数の増加を至上の目的にしない。目指すべき観光形態はエコツーリズムであり、マスツーリズムでは自然が破壊され、パラオへの経済効果も小さい。

同国で一番の観光スポットであるロックアイランドには、次のような「コロール・ロックアイランド管理保護法」が適用されています。

入島料（五〇ドル）の賦課、観光客が上陸できる島の制限、開発の禁止、貝殻・珊瑚の採取や破壊の禁止、ゴミの持ち帰り、釣り料金賦課等が義務付けられ、違反した場合は一〇〇ドルの罰金または七日以内の禁固刑という厳しい罰もあります。入島料は環境保護活動の資金源になっています。同地域内にはジェリフィッシュレイクという人間を刺さない数百万匹のクラゲが泳ぐ湖があり、その入域料は一〇〇ドルです。先の入島料と合わせて一五〇ドルをツアー参加代金とは別に徴収されるのです。さらに、すべての観光客は、パラオから出国する際に出国税五〇ドル（うちグリーン税三〇ドル）の支払いが求められます。

また、海洋資源を守るために、環礁・海域での一定期間の漁業禁止、湖・森林・水源地・沼地・マングローブ等の保護地区指定等、厳格な環境保護制度もあります。トミー・レメンゲソウ大統領は二〇一四年二月、国連本部で「海の聖域」構想を発表し、同国の排他的経済水域内での外国漁船による漁業を禁止する方針を明らかにしました。

空き缶や電気部品等はリサイクルされ、アジア諸国に輸出されています。コロール州では生ゴミを回収し、堆肥にする施設が稼働しています。アイメリーク州でもリサイクル施設があり、収集した缶・ビン・プラスチックゴミは、道路・橋の資材に再利用されています。

パラオの経済政策の特徴は、民族企業の存続やパラオ人雇用を重視していることです。憲法により外資や外国人の土地所有は禁止され、最大で五〇年の賃貸が認められています。外国投資法は、パラオ人優先の雇用、民族企業の保護等を規定し、外資は共同経営という形でパラオ人の経営への参加が求められます。植民地時代のようにパラオが外資により支配されないための具体的な措置が、憲法や法制度で確立されているのです。

太平洋島嶼国のほとんどは、外資、外国人による土地所有を認めていません。面積が限られている島嶼では、外資や外国人による土地所有を認めると、島の経済・自然・文化が支配され、破壊されるという植民地時代の反省があるのです。実際、独立していないハワイ、グアム、仏領ポリネシア、ニューカレドニア等では外資、移住者による経済支配が非常に進んでいます。

二〇一三年九月の調査の際、二人のパラオ人にインタビューをしました。「パラオは独立してどのようなメリットがあったのか」という質問に対して、レメンゲソウ大統領は次のように答えました。

「パラオは自らの運命を決めることができる。自己決定権を行使できるのが独立のメリットである。これはプライスレスである。パラオ人が自らの国をつくることができる。経済的な決定もできる。

独立により投資家もパラオに来てくれる。パラオは政府開発援助を必要とする国であり、日本、アメリカ、台湾、オーストラリア等から援助金が提供されている。観光収入によって外国援助への依存度を徐々に減らしている。パラオは今後とも自然と経済とのバランスがとれた国になるべきである」

パラオ上院議会財政委員会のスランゲル・ウイップス・ジュニア委員長は、次のように述べました。

「観光客の数が問題ではない。税収がどれだけ増えるか、高い利益率を確保することが重要である。ローレックスと安価な時計との関係に似ている。パラオはローレックスである。大きな国にはホームレスの問題があるが、パラオでは国民間の公正な分配に配慮しており、大きな経済格差、ホームレスの問題はない。全国民がウィン・ウィンの関係になるのが目標である。徐々に発展すればいい」

琉球は、パラオを初めとする太平洋島嶼国から何を学べるでしょうか。

二〇一四年はパラオが独立して二〇年目にあたりますが、現在まで大きな政治経済的な問題もなく、この地球上に国家として存続してきました。国連もパラオのような小国の存在を認めています。独立には民族の意思の強さと行動が重要であり、人口の数や国の規模は国家創成には関係がありません。

琉球も、独立することによって民族の言葉、文化、慣習法、土地、自然、琉球人、琉球企業等を、自らの憲法、法制度を活用して護ることができるはずです。また、外交権を行使して、世界中の国と政治経済的、文化的関係を結び、多様な国際的なネットワークを地球上に張り巡らすことが可能になります。国家主権を行使して米軍基地の機能を制限できるし、完全独立の場合はその撤去もできます。

琉球は太平洋諸島の一つであり、太平洋諸島フォーラムに加盟する資格があります。しかし現在はまだ独立していないので、ニューカレドニアのようにオブザーバー・メンバーになって独立運動を国際的にサポートしてもらい、独立後は正式に加盟して他の島嶼国と協力しながら世界の中で活躍できる道が開かれています。

パラオの人口は私が生まれた石垣島の人口の半分以下なのです。琉球が独立できないという道理はありません。

アフリカの教訓

唐突と思われるかもしれませんが、ここでは勝俣誠の『新・現代アフリカ入門：人々が帰る大陸』をテキストとしながら、「アフリカ諸国の独立と独立後」という視点から琉球が独立するに際して教訓とすべき問題について述べてみたいと思います。

勝俣誠は、植民地主義を次のように定義しています。

「植民地主義のエッセンスとは、その地で暮らす人々の人格を体系的に否定することにある」（勝俣誠『新・現代アフリカ入門：人々が帰る大陸』岩波書店）。

琉球の米軍基地は、日本の法制度を通じて体系的に押しつけられてきました。

また、現在の安倍政権は、日本国憲法を変え、自衛隊の国防軍化、集団的自衛権の確立、島嶼防衛等を進めて琉球の犠牲を前提にした日本の安全保障を確立しようとしています。勝俣は、以下のように述べています。
「現代アフリカの憲法の特徴は、運用上、政府の権力を国民が制限することを保障する仕組みであるよりも、むしろ時の権力者が自らの権限を拡大させるために、議会の多数派工作や国民投票でいとも簡単に改憲してしまうことである」（前掲書）
アフリカが辿ってきた道を、日本もこれから歩もうとしているのでしょうか。
琉球とアフリカ諸国は、次の点で類似した歴史的経験を有しています。
「反政府軍との対決となると政府軍兵士は行く先々の都市や集落で、自らの食料などを確保するために住民から没収と略奪を繰り返し、住民は軍隊が自分たちの安全と生活を守るのではなく、逆に脅かすとして、しばしば森の中に逃避した」（前掲書）
沖縄戦で琉球は日本の捨て石とされ、多くの琉球人が戦争に巻き込まれて死にました。日本軍によって琉球人の食料が強奪されたこともありました。また、戦後から現在まで米軍の事件事故は後を絶たない。軍隊が住民を守らないのはアフリカも琉球も同じです。
「『緑の革命』の定義とは、改良品種、農業・化学肥料、整備された灌漑施設の導入という、種子、投入財、土木技術の三つのコンテンツで土地面積当たりの高い収量を実現するプロセスを意味するといっていいだろう」（前掲書）
琉球の経済開発の一環として、緑の革命と類似した土地改良事業が大規模に実施されました。しかし、結果的に琉球の農業生産高は減少し、同事業を原因とする赤土汚染で広大な珊瑚礁が破壊されました。

「八〇年代からの構造調整計画は、より安い外国製品を輸入させるために、『貿易自由化』を進めた。その結果、独立以降、国家によって曲りなりにも保護され、育成されてきた多くの国営製造業が、経営難を理由に廃業に追い込まれた」

「民営化は、結局、旧宗主国の民間企業がアフリカ市場をほぼ自然独占する、つまり民営化を通じた『再植民地化』現象であると、国内メディアでしばしば指摘されることとなった」（以上、前掲書）

「復帰」後、日本との法制度的な同化政策が実施された結果、琉球の企業が倒産に追い込まれ、日本企業による吸収合併が余儀なくされました。

「救済策を主張する側が依って立つ『北』の金融機関や援助国と、その対象となるアフリカとの間に厳然と横たわる不平等な力関係である。アフリカの一国では到底太刀打ちできない『北』主導のグローバル資本主義体制を問い質すことなく、アフリカ側ばかりに一方的に解決策を迫っている。（中略）提言する自分たち『北』の専門家の処方箋の自信に満ちた無誤謬性と、『北』の言うことを聞けば幸せになれるとされる『南』の人々の受け身の態度ないし存在感の薄さである」（前掲書）

日本政府の官僚が琉球の開発計画を策定し、予算を掌握し、振興開発と基地とをリンクさせる不平等な力関係のもとで琉球統治が進められました。開発の主体は日本の政府や企業であり、琉球は日本の開発政策を受け入れる受動的な存在として扱われました。

私は、二〇一三年五月、琉球人の仲間と琉球民族独立総合研究学会を発足させましたが、本学会では独立後のアフリカの経験を踏まえて、琉球の独立を研究する必要があると考えています。

勝俣は、「独立」とはアフリカにとって何であったのかを次のようにまとめています。

「『独立』が、旧宗主国との政治的・軍事的・経済的・文化的見直しを通じて、国際社会のなかで、何よりも国民の利益のために自らの国の方向を主体的に選びとれることを条件とするならば、今日のアフリカは、世界のどの地域に比べても、限りなくグレーゾーンに突入している国々が続出している地域と言えよう」

「独立とは言っても、とりわけ旧ベルギー領コンゴの場合、形式としての主権はアフリカ人側に渡すが、旧宗主国と西側が開発投資した鉱物資源などの今後の富の配分に関しては、アフリカ人側の関与はほとんど認めないというものであった」

「コンゴの独立はコンゴ動乱を経て、親欧米モブツ体制のもとで、欧米によって、〝外から支えられた〟独立であったと言えよう」

「『独立』とは、自国の富を自国民が、自国民の福祉と産業の発展のために利用する能力と決定権を掌中に収めることを意味するのだとしたら、コンゴは独立国と言えるのだろうか」(以上、前掲書)

アフリカ諸国は、独立したものの資源を求めた欧米の諸国や企業の介入で独立の内実は破壊され、国内に多くの混乱がもたらされました。

勝俣は、欧米諸国のポストコロニアルな「アフリカ認識」を次のように批判しています。

「その典型的事例が『部族対立』説で、部族の多いアフリカでは国民意識が育っていないので何かにつけて部族同士が対立してしまうという説明である。たしかにアフリカには今も個性豊かな民族集団がたくさん存在している。しかし、その多様性自体が武力紛争の原因となっているわけではない。こうした一見わかりやすい説明の最大の弊害は、アフリカ地域の多様な武力紛争の歴史的、社会的、経済的、政治的背景まで原因を探ろうとせず、思考停止をしてしまうことである。そして何よりも重大なのは、武力紛争の原因をもっぱらアフリカ側の内因に押しつけ、自らの利権の確保や国際的思惑で、地域紛争を助長したり、和平プロセスを利益誘導型で主導しようとする欧米の思惑が見えなくなってしまうことである」

「アフリカ社会のダイナミズムを形成する複雑なヒダを解読しようとする営為を放棄し、単純化したアフリカ人像から今日の『混乱』を説明しようとする主張や、ことあるごとにアフリカ側の人々の主張を無視ないし見過ごしている点では同じであろう」

「アフリカ諸国に貸し付けた資金回収が困難になった『北』の先進国や国際金融機関が貸し手責任を問われないためにも、アフリカ経済の停滞はアフリカ側、とりわけ経済成長の強固な障害にこそなれ促進要因にはならないアフリカ諸国家に責任があるという分析が、これら『北』の援助機関によって受け入れられ、かつ促進された。こうして国際関係を通じて、アフリカ諸国家の方向付けは、自国民のための『福祉国家（welfare state）』ないし『開発国家』から、外国の資金を流入しやすくするために法人税の引き下げなどを競い合う外国企業『歓迎国家（welcome state）』へと変質していく。そして、その結果はすでに見た如く、貧民層の存続ないし増大という福祉後退の実態と、さらには治安の悪化と国土の実効管理能力の崩壊であった」（以上、前掲書）

「北」の「南」に対する植民地支配は、アフリカ諸地域が国家として独立した後も続いていますが、そのポストコロニアリズムの責任は「北」にあるのです。「北」の人間はアフリカ人が保有する民族の自己決定権の行使を否定できません。それは国際法で保障された被植民者の集団的権利であり、植民地支配から解放されるためにアフリカの人々はこの権利を行使してきました。琉球が独立する際には、ポストコロニアリズムを防ぐ法制度的、政策的な対抗措置をアフリカの経験から学ぶことができます。

実際、アフリカ内でも次のような問題が生じています。

「そこ（ケニア）で改めて浮き彫りになったのは、独立以来の政治エリート中心の議会民主主義の限界とともに、自国の富の分配の民主化こそが、独立以来、未完のアジェンダになっているということである」（前掲書）

エリート主義に陥らない議会制民主主義とともに、富の分配の民主化が国づくりにとって不可欠であることがアフリカの経験からわかります。

現在、政治経済的な大国化の道を歩んでいる中国との関係のあり方を考える際にも、アフリカの事例が参考になります。

「国家の基本構築を中国という外国に、しかも外国の技術労働者によって作ってもらうということは、短期的には手っ取り早い手段だが、中長期的には、アフリカの地場産業や技術者が大量に育つわけでもなく、国づくりの課題を先延ばしにしている観が強い。もっとも、これは中国だけに向けられる指摘ではない。欧米日の政府開発援助（ＯＤＡ）も資源獲得のためには援助方式は異なるが、結果としてアフリカ諸国側の自立を優先的に目指しているわけではない。こうしてみると、対外援助を自国の発展と国民の福祉のために受け入れ、利用するには、何よりもアフリカの政府の交渉力と決断力が決定的となってくる。国民が消費するだけで、その購買力は自国の資源を海外へ持ち出すことで賄う『資源のアフリカ』から、一日も早く脱却するためには、市場の論理だけに任すのでなく、ましてやアフリカ側がほとんど関与できない富豪のチャリティー財団の寛大さに期待するのでなく、何よりも中長期的発展戦略を政治的に実現させる人々の合意が形成されなければならない」（前掲書）

歴史的に琉球と中国とは深い関係にあり、地理的にも近い。琉球独立の過程、その後の国家運営でも中国の存在は無視できません。しかし、琉球は自らの内発的発展を基盤にして国づくりを実施すべきであり、安易に中国をはじめとする大国に経済的に依存すべきではないという教訓を、アフリカ独立後の歴史は教えてくれます。

「悪魔の島」から「平和の島」へ

沖縄戦で明らかになったように、軍隊は琉球人を守りませんでした。軍人は琉球人を虐殺し、集団死を強制しました。太平洋諸島でも同様な悲劇が発生しました。島嶼で戦争が発生すると、島は海に囲まれているため住民は逃げ場所がなく、戦闘に巻き込まれて多くの犠牲が生じることになります。現代はミサイル戦争の時代であり、琉球での軍事力強化は抑止力にならず、逆にミサイル攻撃の標的になるでしょう。

宮古・八重山諸島に新たに建設される自衛隊基地も仮想敵国からの侵略を防げる規模でも内容でもありません。自衛隊や米軍の基地による抑止力は日本のためであっても、琉球のためではありません。安全保障を議論する場合、誰のための安全保障なのかを考えなければなりません。島に住み、戦争になったら攻撃の対象になり、日々の生活の中で軍人による暴力の被害を受ける人間は、軍隊を抽象的な抑止力とは見做しません。

鳩山由起夫元首相は「(抑止力は)方便と言われれば方便」と述べ、森本敏元防衛大臣は、「沖縄に米軍基地を置く軍事的理由はないが、政治的理由から沖縄に置くしかない」と語っています。語るに落ちるとは、このことです。つまり、琉球の米軍基地が日本の安全保障の抑止力であるという見解は仮説でしかないのです。

沖縄国際大学に米軍ヘリが落ちた時、たまたま現場に居合わせた私は「そもそも米軍は日本人、琉球人を敵から守ってくれる人間であろうか」と疑問に思ったものです。現場の米兵の中にはトランプをしながら談笑する者もいました。自分たちが起こした事故に対して責任感が欠如しているような連中が、日本国民を自らの血を流して守れるはずがない。

日本人には、戦争で負けたことに対する負い目があるとともに、「米軍基地があるからこそ日本は守られている。基地を置くために米軍やその家族の特別な権利を日米地位協定によって認める」との考えが政治家、官僚、一般国民に広く共有されています。しかし、実際の米軍は琉球で頻繁に事件・事故を起こすような規律のない集団であり、このような組織に自国の安全保障を期待するなど正気の沙汰とは思えません。このような直言ができるのは、琉球人は日常的に米軍に接し、その実態を骨身に浸みるほど知っているからです。

中国艦船の領海侵犯、防空識別圏の設定は、日本政府が尖閣諸島を国有化し、「棚上げの状態」

の均衡を破ったことへの対抗措置であるという口実を中国に与えました。日本外交の失敗が戦争の危機を招いたともいえます。さらに、安倍政権は日本国憲法を改悪し、集団的自衛権を確立しようとし、宮古・八重山諸島への自衛隊基地の整備と日米共同訓練を強化しています。現在の日本に外交を任せていたら、琉球はとんでもない事態に巻き込まれるという直観は、現実のものとなりつつあります。

琉球は独立後、外交権を駆使して、世界中の国々や地域と政治的、経済的、文化的に深くつながらなければなりません。

これまで琉球は、ベトナムやイスラム諸国など米軍の攻撃を受けた地域の人々から「悪魔の島」と指弾され、加害者にされてきました。しかし、独立により一切の基地を廃絶し、非武装中立の国になるとともに、国連のアジア本部、国際機関、国際的なNGO機関等を琉球に招致し、「平和の島」として世界に平和を発信する平和創造の拠点の一つになることができるはずです。

軍事力で琉球を守ることはできません。琉球が有する財産は、王国時代から蓄積された東アジアや東南アジアの国々、太平洋諸島等との歴史的、文化的、人的関係です。アジア太平洋地域との交流を促し、相互の経済投資を活発にし、航空交通網を拡充し、琉球をアジア太平洋の人々が交流し合うセンターにする。世界の人々との信頼関係を深めることが琉球にとって唯一有効な安全保障になります。

琉球が独立していた頃、琉球人が中国に通う際に尖閣諸島を航路標識代わりに使っていました。中国以上に琉球との歴史的関係が深い島々が尖閣諸島なのです。日本はその琉球を併合した事実をもって尖閣諸島の領有権を正当化しましたが、本来、尖閣諸島は琉球が独立していれば琉球に所属する領土になるものです。しかし、独立琉球は、琉球だけのために島々の所有、使用を宣言する近代国民国家の論理を押し出すのではなく、東アジア地域の共有・共同使用の場所（コモンズ）として、平和を創造する場所にすべきです。それにより琉球は近代国民国家の限界を超克し、戦争から身を遠ざけることができます。

スピノザは次のように述べています。

「相互に平和条約を結ぶ国家が多ければ多いだけそれだけ各国家は他の諸国家にとって恐れられることが少なくなる。すなわち各国家には戦争をなす力がそれだけ少なくなり、平和の諸条件を守るように拘束されることがそれだけ多くなる」（スピノザ・畠中尚志訳『国家論』岩波書店）

琉球も世界に開かれた国になり、可能な限り多くの国々と平和条約を結び、文化・経済・社会交流を多角的に形成すれば、自国の安全保障を確立できます。「開かれたナショナリズム」こそ、独立琉球の理念でなければなりません。

第一二章　琉球の未来

自治体から独立体へ

かつて「珊瑚礁の島」と呼ばれた琉球は、現在「基地の島」と呼ばれています。米軍基地が琉球に配置されてから、ほぼ七〇年が経ちます。大方の日本人にとっても、「沖縄」と「基地」はセットになったイメージなのではないでしょうか。しかし、これは考えてみると異常なことです。

日本と琉球の関係において、しばしば「本土並み」という言葉（この言葉自体、十分に差別的な言葉ではありますが）が使われてきました。しかし、七〇年もの間、琉球は一度たりとも「本土並み」になったことはありません。当然です。なぜなら、米軍基地があるからです。

さて、言わずもがなの感はありますが、なぜ琉球から基地は撤廃されなければならないか、その理由をここで改めて述べておきます。

まず、琉球領に他国の軍隊が存在していること自体、普通に考えればあり得ない話です。常々、私が不思議でならないと思うのは、自国内に他国の基地（在琉基地だけでなく）が存在しているという事実に対して、日本人は恬として恥じるところがないように見受けられることです。日本は独立国であるはずだが、これはいったいどうしたことか。しかし、琉球人からすれば、当然のことながら基地の存在を容認するわけにはいきません。そもそも、米軍基地は琉球の安全保障と何の関わりもない存在であるのみならず、逆に安全保障上の重大なリスクとなっている存在です。とりわけ、日本の右傾化が著しい昨今の状況下においては、そのリスクは増大し続けています。

もうひとつ。米軍はただでさえ狭い琉球の土地の広大な領域を強制的に占領している。本来琉球人のために有効活用されるべきはずなのに、琉球人に何の断りもなく、琉球人の意思を無視して、琉球人の土地は奪われたままです。

さらにもうひとつ。米軍基地は、琉球人の日々の生活に間断なく「害」を与え続けている。しかも、軍用機が基地外に墜落しようと、米兵が少女を強姦しようと、琉球人をひき殺そうと、軍事訓練による騒音被害が続こうと、他の琉球人と同じように琉球の裁判所で裁くことはできません（米軍当局の許可が必要であり捜査や裁判過程でも様々な制限がある）。なぜなら、在琉米軍は、日米地位協定によって守られているからです。こうした環境下における米軍の琉球人に対する所業を、俗に「奴隷扱い」といいます。この二一世紀に、誰が奴隷でいたいなどと思うでしょうか。

ところで、二〇〇八年、琉球各界のリーダーがメンバーとなった沖縄道州制懇談会は、特例型沖縄道州制の提言をまとめ沖縄県知事に提出しています。その内容は、道州制という枠組みの中で沖縄県を特別な自治体とし、自治権を現在より飛躍的に拡大しようとするものです。

しかし、道州制導入は市町村合併と同様、都道府県を広域的に統合することによる行政コストの削減を主たる目的としています。また、自治権の拡大といっても、租税、教育等の裁量権が多少大きくなるだけで、国防、外交、金融といった重要政策に関する権限は中央政府が保持したままです。

つまるところ、琉球が沖縄県であろうが沖縄州になろうが、日本の一自治体であることに変わりはありません。したがって、琉球から基地がなくなるという可能性は限りなくゼロに近い。要するに、成田空港や原発と同じロジックで、琉球には基地が押し付けられているわけです（もちろんその被害、リスクは桁違いですが）。誤解を恐れずにいうなら、琉球が日本の一地方である限りにおいて、日本政府の措置は日本国という国家の論理からすると「正しい」わけです。また、「本土」の大企業による琉球における経済搾取も、大都市を抱える自治体以外の大半の地方と同様の構造であり特殊なものではないといわれればそれまでです。つまり、琉球固有の「民族問題」は無視され、他の地方自治体と同列に位置付けられている。そして、だからこそ琉球にとっては日本国の一自治体であること自体が深刻な問題なのです。

これまで、まともな琉球人は基地の撤廃と自治権の拡大を日本政府に訴え続けてきました。そして、裏切られ続けました。しかし、自治権の拡大と基地撤廃は、本質的には矛盾するものです。なぜなら、裁量権がいかに拡大されようと自治体である以上、国権の発動に抗う術などないからです。琉球が制度的に日本国に組み入れられている限り、国家の論理から逃れることはできません。また、仮に琉球人が「琉球民族」であるということによって特別な自治区となったとしても、現状の本質的解決にはなりません。軍隊による虐殺や言論封殺こそないけれども、現在琉球民族が置かれている社会的位相は中国の新疆ウイグル自治区やチベット自治区と変わるところがありません。

以上、どのような角度から考えても、琉球の現状を変え将来を切り拓くためには、独立という選択肢しかないのです。

完全独立への道

先に述べたように、琉球の現状を打開するためには、そして民族として自立するためには、「独立」が最も現実的かつ唯一の選択肢であることを全琉球人は理解した上で、ある種の「覚悟」を持つべきではないでしょうか。

確かに、琉球の独立、および独立後を考える時、数々の試練が待ち受けているであろうことは想像に難くありません。しかし、怖気づくことはありません。琉球よりずっと小さな島嶼、あるいは琉球に比べ様々な社会インフラが圧倒的に整っていなかった地域が、現実にいくつも独立を果たしているのです。そして何より、琉球人はかつて自らの国を自らによって運営していた民族であることを忘れてはなりません。

現在、琉球民族独立総合研究学会には様々な分野からの人材が参加し、「琉球独立」について理性的かつ具体的な議論を重ねながら強い意志を以て研究を進めています。

以下、私が現在構想している独立運動の骨子を紹介しておきます。

―●まず、琉球人の一人一人が琉球問題の本質を理解し「独立」の意義を認識することが出発点となる。そのために、琉球民族独立総合研究学会などの研究成果を在琉マスメディアなどと連携し、逐次琉球の人々に報告することにより独立への理解を深め、世論の喚起を促す。また、「居酒屋独立論」のように独立の議論を一過性に終わらせず、琉球内外で議論を継続するとともに、世界の組織・機関と研究上、実践上の連携を強める。

独立に向けて世論が高まれば、四一市町村議会で独立を支持する議員を一人でも多く増やすための運動を展開する。その際、革新保守等、日本の党本部との見解の違いを超えて、一人の琉球人として独立を考え、行動することが望まれる。スコットランド国民党のように住民と地道な議論を積み重ね、政策を実施すれば独立支持派の議会議席を増加できるはずである。

琉球の独立は、琉球人による琉球人のための独立でなければならない。他者から与えられた中途半端な「独立」では間違いなく禍根が残る。かつて、南アフリカやナミビアでは黒人差別を永続化する目的で、自国内に新たな「国」であるホームランドをつくった。政府が決めた民族ごとにホームランドに居住させ、「自治国」として独立させた。しかし、黒人は外国人として位置付けられ、南アフリカやナミビアの憲法が保障している政治的権利を与えられなかった。琉球のホームランド化は、絶対に避けねばならない。

琉球の独立は琉球人一人一人の自治的自覚から始まる。自治的自覚とは、自らの運命を自分自身で決めるという自覚である。その自覚が個人から社会全体に及ぶことにより、琉球の運命を琉球人が決定する。目先の様々な「利」につられて、日本やアメリカ、中国が琉球の運命を左右するようなことがあってはならない。独立に関して、他者の影響を排除するということは特に留意しなければならない点である。

二●琉球内外で独立を支持する機運が高まったなら、国連脱植民地化特別委員会の「非自治地域」のリストに琉球を登録するよう琉球全体で運動を展開する。沖縄県議会、各市町村議会は同リストへの登録を求める決議を採択する。

現時点では琉球は国連の非自治地域リストに登録されていないが、その歴史や現状を考えると琉球も登録されて然るべき地域である。日米の植民地である琉球は、国連下の脱植民地化プログラムに登録されることにより、独立への道は開かれる。過去、世界の植民地は国連の支援を得て独立してきた。

仏領ポリネシア議会は二〇一一年九月、非自治地域リストへの登録を求める決議案を採択した。当時、同領土政府の行政長は、オスカー・テマルだった。テマルは、独立を求める政党のタビニ・フィラアティラ党の党首でもあるが、彼は来琉して琉球人と交流したこともある。二〇一三年五月、国連は仏領ポリネシアを一七番目の非自治地域としてリストに登録した。

一八五三年にフランスの植民地になったニューカレドニアでは、一九七〇年代から独立運動が盛んになり、一九八六年に非自治地域リストに登録された。登録の際、太平洋諸島フォーラム、メラネシア・スペアヘッド・グループ、非同盟諸国首脳会議等が支援した。なお、ニューカレドニアでは、二〇一四年以降に独立に関する住民投票が行われる予定である。

グァム政府脱植民地化委員会は、二〇一五年に完全独立、自由連合国、州の中から新たな政治的地位を選んで決める住民投票を実施する。現在、それに向けた投票者の登録作業の最中である。

琉球が国連の非自治地域リストに登録される際には、アジア太平洋の国際機関、非同盟諸国首脳会議等、かつて植民地であり現在独立している国々からの支援を求める。

三●沖縄県議会、または市民団体の連合体が主催する、独立の可否を問う住民投票を国連の監視下で実施する。そこで過半数の賛成を得たなら独立宣言を発し、国連に加盟申請する。

国際法で保障された政治的地位の変更を求める住民投票での選択肢には、完全独立、自由連合国、対等な立場での統合、という三択がある。既に述べたように、自由連合国や自治州等では米軍基地を撤去できないため、琉球では完全独立という選択肢しかない。

完全独立が選択されれば、自らの政府・議会・裁判所を設置し、世界の国々に向けて国家承認を求める。琉球は、国際法に基づいて世界の平和と独立を実現する機関であることを建前とする国連から支援を受ける権利があり、国連は琉球の脱植民地化を推し進める責務がある。

パレスチナのように時間をかけて国家として承認する国を増やす方法もある。その過程で日本の承認は不可欠ではない。イスラエルやアメリカは、パレスチナの独立に反対したが、世界の一九三の国から構成される国連は二〇一二年一一月、パレスチナを「オブザーバー組織」から「オブザーバー国家」に格上げした。

スコットランドは、二〇一四年九月一八日にイギリスからの独立を問う住民投票を行う。現在、スコットランド国民党が同地域政府の政権を担っており、その準備を進めている。二〇一二年九月には、スペインのカタルーニャ自治州において一五〇万人規模の独立を求めるデモが行われた。同州でも独立派が議席の半分以上を占め、独立に向けた住民投票を行うための協議を続けている。

四●国連、非同盟諸国首脳会議、太平洋諸島フォーラム、EU、ASEAN、国際的NGO等を通じた琉球独立をサポートする国際的なネットワークを形成する。国連、非同盟諸国首脳会議、太平洋諸島フォーラム、ASEAN等へまずオブザーバーとして参加し、続いて正式加盟を目指すとともに多国間による安全保障条約を締結する。日本とは友好関係を築き、両国民が互いに自由に往来、就学、就労できるようにする。

今の琉球は「太平洋のキーストーン」として、その地政学的位置が基地を置く理由にされている。この「地理上の不幸」を、かつて貿易で栄えた琉球王国のように「地理上の幸福」に変える。諸大国がせめぎ合うバルト海のオーランド諸島をモデルにして、琉球を永世中立の島とし周辺アジア地域の緊張緩和、平和に貢献する。

欧州にあるリヒテンシュタインは、オーストリアとスイスの間にある人口約三万四〇〇〇人の国であるが、一八六八年に軍隊を廃止し現在まで非武装国家である。第一次世界大戦でもオーストリア軍に加勢せず、アメリカを通じて中立宣言を発した。戦後、オーストリアの属国という政治的地位から離脱し、スイスと関税同盟を締結し、一九九〇年に国連に加盟した。また、独立を実現した太平洋島嶼国の大半は軍隊を持っていない。コスタリカにも軍隊がない。非武装国家は理想論ではなく、世界に現実に存在している。琉球は警察、沿岸警備等、島や海の治安を目的とした最低限のセキュリティ機能だけを有するに留め、他国との緊張を高め侵略や攻撃を招く口実となる武装化をすべきでない。

五●国際法に基づいて、平和的に独立する。米軍、自衛隊の軍事介入が発生しないように、独立前から世界に向けて琉球独立の正当性を主張し、国際的な支援体制を構築する。仮に武力介入が生じた場合、日米は国連憲章等の国際法違反の野蛮な行為をしたとして世界中から批判され、かえって琉球独立の正当性が明らかになる。

日本政府が奪った領土・領海・領空の返還、一八七九年以来の植民地支配に対する損害賠償、行政上の移管等に関して日本政府と平和的に協議を行う。交渉が難航した場合、国際司法裁判所、国連、他の国際機関や組織に訴える。

日本中心の教育制度を廃止し、琉球独自の教育制度を確立する。また日本に本部があり琉球に支部を置く政党、労働組合、各組織・団体等の支配システムを改変し、琉球に中心を置く政治経済社会体制に変える。

琉球在住の琉球人、日本人をはじめとする各民族は、その所属する国の国籍を保持し続けるか、琉球国籍を取得するかを選択する。マイノリティの権利を保障する国際法に基づいて、独立後、琉球内のマイノリティの人権に十分配慮する。

六●四〇万人以上の海外のウチナーンチュが世界各国で琉球国を国家承認する運動を展開し、琉球独立を支援し、妨害活動を監視する。海外（日本を含む）のウチナーンチュの絆は非常に強い。沖縄戦後、ハワイにいるウチナーンチュは琉球に資金や豚を送った。その時、ハワイのウチナーンチュの中には独立した方がいいと声をあげた人も少なからずいた。

世界のウチナーンチュは自らが生活する国の政府に働きかけて、琉球国の国家承認を促すロビー活動をする。スコットランド人のショーン・コネリー（映画「００７」の主演俳優）がスコットランド独立を公開の場で訴えたように、世界で活躍する著名な琉球人が琉球独立への理解と協力を呼びかける。

経済の自立

既に述べてきたことですが、これまで、琉球における振興開発計画の柱は、日本企業の誘致を目的としたインフラの整備、規制撤廃等にありました。そして、琉球の経済政策は、東京に拠点を置く沖縄開発庁（現在の内閣府沖縄担当部局）によって決定されてきました。「復帰」後、総額約一〇兆円の振興開発資金が琉球に投下されましたが、開発の目玉とされた金融特区、ＩＴ特区、自由貿易地区等はことごとく失敗しました。他方で日本の企業や製品が琉球の市場を席巻し、琉球企業の吸収・合併が進み、琉球企業を倒産させ、多くの失業者が生み出されました。

多額の振興開発費にも関わらず、琉球経済は自立せず、失業率も高く、所得も少なく、県内・外の格差も大きいままです。二〇一二年から始まった一括交付金は自由に使えるはずでしたが、実際はその使途に関して日本政府の官僚が決定権を握っています。また、様々な経済振興策は基地を押しつけるための手段と化しています。

琉球の現状は、一九七〇年代にフランスで生まれた経済理論のレギュラシオン理論によると「経済危機」と呼ばれる状態にあり、新しい制度諸形態を必要とする事態であるといえます（ロベール・ボワイエ・山田鋭夫訳『レギュラシオン理論：危機に挑む経済学』新評論）。

二〇一三年二月、私はボワイエと琉球で議論する機会を得ました。ボワイエも琉球経済を危機的状態にあると認識し、将来、琉球が東アジアの政治経済的なセンターになり得ることをフェルナン・

ブローデルの『地中海』を引用しながら話してくれました。

いずれにせよ、日本政府が琉球の手足を法制度で縛ったことが、経済政策失敗の最大の原因です。そして、それは一部の大都市を除く他の地方自治体にもあてはまることです。中央政府の経済政策はことごとく失敗し、地方都市のかつて栄えた商店街は、今やシャッター街と化しています。

したがって、琉球を支配し管理する日本政府という存在の枷を外すだけでも、経済発展の可能性は大きくなるはずです。琉球は約六〇〇年、東アジア、東南アジアの中で独立国家として存在しました。琉球人の世界的ネットワーク、琉球人の政治・経済能力の向上、経済のグローバル化やIT化、アジア経済の発展等を考え併せれば、独立後の琉球が経済的自立を実現できる可能性は十分にあります。

琉球が独自な政府や議会を設立し、課税権を行使して琉球で経済活動をする日本企業に対して適正な税を課す。単に日本企業の誘致を目的とするのではなく、琉球企業の育成・保護を柱にした琉球人、琉球企業のための経済政策を策定する。そして発展計画の策定・実施・事業の優先順位の決定権を琉球が持つ。関税、通貨、予算に対する主権を回復し、琉球人の雇用を増やし、琉球企業の発展を推し進める。琉球内で琉球人のための琉球人による生産・販売に重点を置く企業の設立や進出を促す。独立体であるからこそできることは、いくらでもあるのです。

また、琉球独自の労働法・環境法・税のルールの遵守が、日本企業を含む外資には求められます。琉球は市場のルールを定め、金融政策、財政政策、為替政策、税制等の政策を策定する。琉球で経済活動をする外資に対する課税収入により、ザル経済、ストロー経済、植民地経済の抜け穴を塞ぎ、基地跡地を発展させ、できるだけカネを琉球内で循環させれば自立経済を実現できるはずです。

沖縄県は、二〇〇七年に国税として年間約二八三四億円の税金を日本政府に支払っていますが、独立すればそれは琉球独自の財源となります。ちなみに、同年の沖縄県、市町村の地方税収入は、それぞれ約一〇四〇億円、約一三六四億円でした。したがって、独立後、約五二三八億円の資金は琉球の独自財源となり、有効な経済政策を打ち出せます。内閣府沖縄担当部局の沖縄振興予算は、沖縄県と市町村への国庫支出金と国直轄事業費をまとめたものです。つまり、その使途を国が決める「ひも付き補助」でしかありません。金額の多寡が問題なのではなく、カネを琉球の発展のために管理し地域内で循環させ経済を自立させるためには主権の獲得が不可欠なのです。日本政府から多額の公的資金が投じられても、それが基地関連に使われ、大半のカネが日本に還流したのでは琉球の植民地経済としての実態は変わりません。

琉球は独立後、米軍基地をすべて撤去し、基地の存在による逸失利益を取り戻さなければなりません。実際、既に返還された米軍基地跡地では税収、雇用とも飛躍的に伸びています。北谷町の美浜や那覇の金城地区や那覇新都心、そして読谷村等がそのいい例です。基地労働者の給与など、基地関連収入は県民総所得の約五％まで低下しており、基地労働者（約九千人）は全就業者（約六六万人）の約一・五％に過ぎません。一方、基地は県の総面積の一割を占め、交通の要所に陣取っています。失われた経済効果の方が遥かに大きいことは、容易にわかります。「基地があるから潤っている」というのは、単なる幻想でしかありません。

二〇一二年度の日本の防衛関係費は、約四兆六四五三億円でした。琉球は独立後、非武装国家になるので、防衛予算は必要なくなります。日本の全人口の一％である琉球は、単純計算で約四六五億円の防衛に関する公的資金を節約できます。その節約分は、世界の諸国・地域との友好・経済関係構築を目的にした外交関係にまわすことができます。

また、一八七九年以降、現在に至るまで日本政府から琉球が受けてきた政治経済的被害に対する賠償金を請求し、琉球にある日本政府の国有地・財産を収用し、それを新国家の財政的基盤の一部にすることもできます。

なお、琉球には多くの島々がありますが、各島に対して画一的な経済政策を実施すべきではないでしょう。都市型の経済が必要な島もあれば、地産地消が可能な島もある。例えば、西表島には豊かな自然があり、与那国は台湾に近い等、島それぞれが多様な個性を持っています。不適切な開発が赤土流出をもたらし珊瑚礁を破壊したという日本政府の失政から、琉球は教訓を得ることができるはずです。独立琉球では、島の個性に応じた多様な経済政策を実施する必要があります。

独立後の琉球が経済的に自立し、真の独立を維持するためには、日本あるいは中国といった経済大国の中の一国に、極端なかたちで依存するようなことがあってはなりません。一つの国に経済を頼るということは、その国に琉球の生命線を握られているということに他ならず、真の独立国とはいえません。アフリカの国々と、ヨーロッパの旧宗主国、近年では中国との関係をみればそのことがわかるはずです。

確かに、すべての国家にとって経済は安全保障と並ぶ最重要テーマです。というより、経済と安全保障はコインの裏表ともいえます。いままで起きたほとんどの戦争は、その根底に経済的事由が潜んでいます。そうした意味で、独立琉球においても、経済をおろそかに考えてはならないのはいうまでもないことです。

豊かな生活とは何か

チャップリンの名言に「人生に必要なもの。それは勇気と想像力、そしていくらかのお金だ」という言葉があります。この「人生」を「国家」に置き換えると、独立琉球では、「国家に必要なもの。それは国民の生命の安全と豊かな精神生活、そしてバランスのとれた経済だ」ということになりましょうか。

先に、経済をおろそかにしてはならないと述べました。それはその通りです。その通りではありますが、それは拝金主義を意味しているわけではもちろんありません。経済力の大きさと「幸福」は、同義ではありません。経済は重要な国家の指標ではありますが、それはあくまでバランスのとれたものでなければならないはずです。

バランスのとれた経済とは、すべての国民が健康で安全な生活を営み等しく教育を受けることができる、所得の社会分配率がバランスのとれた（格差の少ない）ものである、社会的弱者の救済システムを有する、生態系を壊さず自然との共生を指向した開発、といった要件を担保する経済の在り方です。一握りの支配層が国富を占有する、アメリカの「自由」や中国の「独裁」による経済の在り方ではありません。ちなみに、「経済」という言葉は「経世済民」に由来しており、それは「世を治め、民の苦しみを救う」ことを意味しています。

琉球の社会発展を考える際、これまでの地域概念、地域開発のあり方を根本的に再検討する必要があります。

琉球は、多様な歴史と文化を有する多くの島々から成っています。したがって、まず一つの発展モデルをすべての島々に適用する単系的政策ではなく、島ごとに様々な発展のかたちを認める多系的政策を通じて琉球の発展は実現されるべきです。

また、これまでの琉球では、補助金依存から脱却し経済的自立を実現するために、外部の大企業を誘致して開発を推進し、財政収入や雇用を増やすという考え方の下に政策が実行されてきました。しかし、公共事業によって地域に無駄なハコモノ、インフラが増えれば増えるほど、それを管理・運営する自治体の財政支出は増大し、行政部門が肥大化することにより、結果的に中央政府への財政依存も深まりました。

琉球に限らず他の地方、また日本に限らず多くの国々でも採用されてきた、このような中央政府や大企業に依存した発展モデルを「外発的発展」と呼びます。

この「外発的発展」モデルに対抗して、鶴見和子、西川潤、宮本憲一等によって提唱された概念が「内発的発展」モデルです。内発的発展とは、地域の歴史・文化・生態系・慣習を知悉する当事者である住民、地域企業・団体・NPO等が社会発展の過程に参加して直面する諸問題の原因を明らかにし、解決策を見い出してそれを実践する。それとともに、地域住民の連帯、協力、協働、相互扶助関係を強化することによって実現する地域全体の社会発展のことです。

内外格差が拡大した琉球では、経済成長による格差是正ではなく、人間の関係性を重視する連帯経済に基づいた問題解決を進めるべきです。

独立琉球の自治体は無駄な施設やインフラをつくらず、自らの行政的な関与や財政支出を縮小させる一方で、NGO、NPO、地域住民の共同管理・自治の活動範囲を広げ、地元企業を発展させる支援体制の構築や、地域内外の人や組織のネットワーク作りに重点を置く。こうした地道な内発的発展を進めることによって、地域の風土や生態系に適合した多様な産業や働く場所が生まれ、そこに人が定住し、自治体の財政も安定して活気のある地域社会が形成されるはずです。

琉球それぞれの島が中央集権的な国家体制に依存せず、各島が財政・経済主権を持ち、島嶼内の内発的発展の実践を積み重ねて琉球国全体の発展は導かれます。そして、この琉球における内発的発展モデルは、そのまま独立琉球が連帯すべきアジア太平洋諸国との関係性の中にアナロジーとしてあてはめることができるはずです。

「地域のなかの地域」と呼べる基本的な場所は、自らの身体を通して地域を認識し、移動し、他の住民との交流が日常的にできる、「等身大の生活世界」、つまりシマ（琉球の伝統的な地域単位）です。

しかし、ヒト、モノ、カネ、情報のグローバル化が進んだ現代社会において、国境内での経済現象だけを考察の対象にすると、現実の実態から大きく乖離してしまいます。独立琉球では、各島嶼が経済主権を持ち、国境を越えてアジア太平洋地域との経済関係を緊密にして、島嶼性からくる「規模の経済」の限界性を克服し、「範囲の経済」を実現しなければなりません。

小は市町村字の連合から、大はEUのように、「地域」の範囲は幾重にも拡がり重なり合います。他の生活世界の人々と経済的、あるいは文化的交流を実現することにより、「地域」の範囲は拡大します。EUで国境間の規制が撤廃され、ヒト、モノ、カネ、情報の移動が自由になったように、「国境を越えた地域」という概念を打ち出すべきです。

海洋国家琉球は、固定的な領土・領域内で安住するのではなく、人間や組織のネットワークを地球上に縦横に展開し、世界各地と琉球を結合させなければなりません。すなわち、琉球型グローバリズムです。

昨今、ずいぶんと評判の悪いグローバリズムですが、独立琉球のそれは根本的に異なるものです。お互いの歴史・文化を尊重し、互恵のルールの下に連帯する。アメリカによるアメリカを基準としたアメリカのためのグローバリズムとは、まったく異なるものです。

独立琉球において、もうひとつ特記しておかなければならないのは、生態系の保守です。琉球各地域の本質的インフラは、生命系（生態系）です。地域生態系の維持は、住民の生活や経済活動にとって不可欠です。国や広域自治体、外部の企業による生態系の破壊を、生活や生命への脅威であると実感をもって受けとめている人々が琉球では多数生活しているのです。

人間と自然環境との相互作用を経済的に研究する分野が生命系の経済学です。生命系の経済学は、生産、消費だけではなく、廃棄を含む人間の全生活過程を研究対象とします。他地域で有効であった開発モデルを機械的にあてはめるのではなく、琉球各島嶼における人間と自然環境との持続可能な関係を目指すのが生命系の経済学なのです。
島嶼内の農林水産業、食品加工業等の発展によって地産地消を促し、大企業の支配体制から脱却する。そして、琉球国は有機農業、里山・里海の育成、エコツーリズム、環境保全地区の設定等を通じて地域の生態系を破壊しないで、それと共存しながら人間が生活し、経済活動を行う。

本当の意味で豊かな琉球になるには、経済的な発展だけではなく、文化、歴史、記憶等、非経済的な分野の発展も不可欠です。学校で使う教科書を琉球内でつくり、教育内容や方法も琉球国独自のものとする。琉球諸語の日常生活、教育、行政等での活用を促す政策を実施し、言葉の正書法も確立しなければなりません。

私は二〇〇七年にNPO法人『ゆいまーる琉球の自治』を設立し、多くの人々の協力を得ながら、これまで久高島、奄美大島、伊江島、西表島、沖永良部島、平安座島、宮古島、伊平屋島、与那国島、座間味島、久米島、石垣島、徳之島、与論島、沖縄島で車座の民の集いを開いてきました。そこでは、島人に島の歴史や文化、直面する政治経済社会的な問題とその解決を目指した実践活動等を報告してもらい、対等な立場で真摯に議論し、互いに知恵を学び励まし合いました。「ゆいまーる」とは琉球の言葉で、相互扶助を意味し、人の関係性を重視した琉球社会から生まれた言葉です。

竹富島のことわざ「かしくさや　うつぐみどぅ　まさる（一人の賢い人の存在よりも、島人の相互扶助の方が勝っている）」のように、一人の賢いリーダーに期待するのではなく、一人一人の琉球人が助け合いながら地域を自治的に創っていくのが、琉球の風土に適した生活や経済のあり方であると私は考えます。

自治という理念

琉球独立の土台となるのは、「自治」という理念です。ここでいう「自治」とは、現在の日本で流通している「自治」の概念とは少し異なり、もっと本質的な概念です。

かつて、八重山諸島や奄美諸島を首里王府は武力を用いて併合しました。一五〇〇年、石垣島の首長であるアカハチ・ホンガワラが王府との関係を断ち、八重山諸島だけの勢力圏を形成しようとしたのに対し、尚真王が約三〇〇〇人の兵を派遣し、琉球王府に統合しました。また、一五七一年には尚元王が奄美大島に軍船五〇隻を送っていますが、その理由は「貢を絶ちて朝せず」というものでした。要は、朝貢をしないとはけしからんということであり、島津の琉球侵略の口実とほぼ同じです。王府は奄美諸島を数度にわたって侵略しました。

一六三七年からは、宮古・八重山諸島に重税の人頭税が課せられます。王府は、人頭税を久米島、沖縄島の山原地方等、砂糖黍の栽培が困難な地域にも賦課しました。宮古・八重山諸島では一六五七年に人口の増減と無関係に定額人頭税となりました。

なお、一七七一年、マグニチュード七・四の地震によって「明和の大津波」が発生し、八重山諸島では約九〇〇〇人、宮古島では約二〇〇〇人が死亡しました。以後一〇〇年の間に、飢饉、疫病、麻疹、マラリア等で人口が約四〇%減少しています。それでも一七三七年から一七五〇年の間に実施された検地で定められた税額は下げられず、宮古・八重山諸島の人々にとり過酷な負担となりました。

与那国島には、人頭税に関わる悲惨な伝承があります。人減らしのために、ティング田と呼ばれる場所でドラを鳴らし、鳴り終わるまでにその場所に行けない人々、つまり働けないため納税ができない人々を殺害した。またクブラバリと呼ばれる岩の裂け目の上を妊婦に飛ばせて堕胎させ、人減らしをしたとも伝えられています。

奄美諸島は一九五三年に日本に「復帰」しますが、その際に琉球政府は奄美諸島出身の公務員、軍労務者を解雇する方針を示しました。このため、多くの在琉奄美諸島民が琉球への転籍を余儀なくされます。一九五四年一月現在、琉球には約三万五〇〇〇人の奄美諸島の人々が定住していましたが、琉球では「外国人」として扱われました。奄美諸島に引き揚げる場合には所持金額が制限され、琉球に定住すると公職追放されるなど差別の対象として扱われました。

首里・那覇の人々に偏見の目で見られた宮古・八重山諸島の人も少なくありません。「首里城を見ると嫌な思いがする」と言う宮古島の人が今もいます。

また、奄美大島に来たある著名な琉球人に「一緒に琉球独立運動をしよう」と誘われたが「独立して王国時代のように奄美諸島を支配するつもりか」と言い返したと、私は奄美大島の人から聞かされたことがあります。

王国や沖縄島の人々による支配や差別の歴史を無視した琉球独立論は、沖縄島、首里・那覇中心の独りよがりの独立論と言われてもしかたがありません。

日本による侵略・併合と植民地化の清算を掲げた「琉球独立論」は、何よりも内なる「帝国主義的感性」を克服したものでなければなりません。そして、それを社会制度的に担保するための鍵となるのが「自治」という理念です。

まず、琉球独立の際には、各島嶼の人々が自己決定権を行使し、「琉球連邦共和国」に参加するのかどうかを決める住民投票の実施が不可欠です。人口約二万人のパラオには一六の州があります。州ごとに政府と議会、そして憲法があり、州独自の権限が認められています。また、各州に接する領海部分に対しては、州の権限が優先されます。

自治とは行政が主導的に進めるものではなく、自治の主体は島やシマに住む一人一人の「民」でなければなりません。民の自治的自覚と実践が、琉球全体の自治につながるのです。

中国に「人民は国家の根本であり、根本が強固であれば国家は安泰となる」(『尚書』「夏書」五子之歌)という格言があります。琉球において次から次に沸き起こる数知れない諸問題を抱える人々の声を聞き、具体的な解決方法を共に考え、励まし合い、民の苦しみを少しでも和らげ救えるのは、畢竟琉球人しかいないはずです。

国や行政が地域のすべてに介入して決定する「官治」と対極にあるのが、「自治」です。地域のことを最もよく知っているのは当然のことながら琉球人自身であり、民が当事者意識を以て自治的に地域の政治経済、社会、文化の発展に直接参加し、自らの力で地域や組織をつくりあげるのが自治です。日本政府は振興開発という「国家社会政策」に重点を置きましたが、独立後は自治を実現する政策である「自治社会政策」による振興に琉球政府は比重を移すべきです。

その際、シマ社会に既に存在する人と人との濃密な相互扶助関係が、自治社会政策の柱となります。自治の担い手である民が地域の福利や平和のために集い、力を合わせて問題を解決し、地域を平和に豊かにする団体や組織を生み出しました。例えば、各種の協同組合、少年団、青年団、NPO、NGO、婦人会、老人会、自治会、隣組、公民館、共同売店等を自治的組織と呼ぶことができるでしょう。

公民館や自治会のような伝統的な組織を機能強化する。それとともに日常的に、気軽に社会の各層や各世代の人々が集い、語り合い、助け合う場所や組織を住民自身の手でつくる。シマの共同性を現代社会の中でより強化し、琉球の島々を自治の拠点で埋め尽くす。さらに、行政・地元企業・自治組織間の協働関係を促進させる。島外からの企業誘致よりも、島内の中小企業の育成と雇用の創出を柱とする経済政策を優先する。琉球内で産物とカネを循環させ、地域資源を有効に活用し、農・水・商・工の産業連関を促進し、アジア経済との連結を深める。

これまでの琉球の振興開発体制は、日本政府に決定・執行権があるために、頭（日本）と胴体（琉球）が分離した状態でした。独立琉球では、琉球の民自身が政策や計画を策定し実施して、頭と胴体（共に琉球）を一体化させなければなりません。

なお、独立後の琉球は、国際法に基づいて速やかに基地の撤廃、県外移転を実現し、日米の基地跡地では自治と内発的発展による経済自立策を展開します。

ところで、「自治が実現しなければ独立もあり得ない」と琉球独立を批判する人がいます。しかし、自治の次に独立があるのではなく、独立によって琉球人は自治的活動を全面的に開花できるのです。「自らで治める」という自治の究極のかたちは独立であり、自治の歩みはそのまま独立に繋がるのです。

現代社会で発生する諸問題は複雑であり、簡単には解決策が見つかりません。地域住民、大学の学生や教職員、NGO、NPO、地域の企業や自治体等の当事者が協力しながら議論を深め、問題の本質を明らかにし、内発的発展を実践する地道な一歩一歩の歩みが琉球の独立に繋がります。

辛亥革命のリーダー、孫文は次のように述べています。

「文は国事に奔走すること三十年余り、そのために畢生の学問と能力を注ぎ、絶えず至誠を捧げ、幾度失敗しようとも挫けず、満清の威力にも屈することなく、苦難の道程にも臆することはなかった。わが志の向かうところ、困難を恐れず勇敢に前進し、敗れるほどに奮い立ち、ますます励むことによって、思潮を盛り上げ、時流を創り出すことができた。ついには全国の人心の趣向や、仁者と志士の支持により、専制を打倒して、共和を樹立することができた」（孫文・深町英夫編訳『孫文革命文集』岩波書店）

これからも孫文と同じ志を持った琉球人が次々と生まれ、苦境下にある植民地としての琉球を救い出そうと立ち上がるでしょう。琉球の独立と平和は、民の自治的な自覚と実践によってしか実現しません。民族の意志が無視されてきたのが近現代の琉球の歴史です。琉球人は侮辱される民族のままでいいわけがありません。人間としての尊厳を回復するために、琉球は独立しなければならないのです。

あとがき

日本の中で琉球独立を議論するのは異端視されがちです。しかし、世界の中では独立という、植民地の運命を決定する手段や方法の選択は普遍的とさえいえます。本書では、世界という大海の中で琉球独立を本格的に考えてみました。

本書では、琉球独立とともに日本の独立にも触れました。私は「日本は本当に独立しているのか」と問いたい。来年二〇一五年でちょうど戦後七〇年となります。しかし、未だに日本には他国の軍隊が駐留軍のように存在し、不平等条約である日米地位協定を改正さえできない日本は独立国家の体をなしていないのではないでしょうか。また、琉球に基地を集中させて自らは平和と繁栄を享受したいと考えることは道徳的に、または人間として正しい姿でしょうか。日本の人々には、琉球の歴史や現実を直視して、「日本人の心」を取り戻していただきたい。

琉球人読者の中には、本書の中の「骨くされ根性」という言葉に怒りを覚えた方がいたかもしれません。しかし、琉球には「物呉《ものく》ゆすどぅ我御主《わがうすう》」（カネや物を与えてくれるのが私の主人）」という言葉がありますが、日本政府から与えられたカネをお年玉のように喜んだ仲井真弘多知事や、石破茂自民党幹事長の前でうなだれてみせた琉球の国会議員を選んだのは他ならない私たちなのです。

照屋敏子も厳しく糾弾したように、琉球人が自らの奴隷根性を徹底的に自己批判しない限り、琉球独立はありえません。なぜなら、琉球独立は「琉球人の琉球人のための琉球人による独立」だからです。独立の主体であるべき琉球人が日本政府によりかかる心性は、独立とは真逆なのです。

私は「骨くされ根性」から脱却して、独立に向けた研究や実践を他の琉球人と共に進めたいと考えて本書を執筆しました。そして、琉球独立に関する周到な研究や議論、実践とともなわない熱い思いだけでは琉球独立は実現しません。

幸いなことに、私の周りには骨くされでない琉球人がたくさん存在します。それらの方々に励まされながら、私は本書を書き上げることができました。

琉球民族独立総合研究学会の共同代表、親川志奈子氏、照屋みどり氏、桃原一彦氏、友知政樹氏とは、二〇一二年夏から宜野湾市嘉数の琉球館で、またはスカイプを通じて学会趣旨文を検討し、設立や運営に関する会議を定期的に開いてきました。互いに協力しながら学会大会、オープンシンポジウム等を開催し、学会紀要をまとめ、海外における共同研究調査等を行なってきました。

また、二〇〇人を越える独立学会の会員も、沖縄島の南部部会、中部部会、北部部会、アート部会等の部会をつくり、日常的に琉球独立について議論し、親睦を深めています。こうして、相互扶助関係に基づく、琉球人の新しい社会共同体が生まれつつあります。

なお、本書は学会を代表する独立論ではなく、あくまで私自身の独立論であり、会員にはそれぞれの琉球独立論があります。会員の方々からの批判や意見を真摯に受けて、琉球独立論をさらに深めたいと考えています。

独立学会の発起人である新川明氏、石垣金星氏、新元博文氏、高良勉氏、平恒次氏、また真久田正氏（故人）、大田昌秀氏、川満信一氏たちは、常に私を側面から支え激励して下さいました。本書は、こうした琉球人の大先輩が提示されてきた独立論を礎にして執筆されています。

私は、二〇〇七年にＮＰＯ法人「ゆいまーる琉球の自治」を設立し、藤原良雄氏、海勢頭《うみせど》豊氏、前利《まえとし》潔氏、石坂蔵之助氏をはじめとする多くの方々の協力を得ながら、久高島、奄美大島、伊江島、西表島、沖永良部島、平安座島、宮古島、伊平屋島、与那国島、座間味島、久米島、石垣島、徳之島、与論島、沖縄島で車座の民の集いを開いてきました。各島々で島の歴史や文化、直面する政治経済的、社会的な問題とその解決を目指した実践活動等を報告され、議論して下さった方々にも心からお礼を申し上げます。琉球独立論が机上の空論ではなく、島の歴史・記憶、現実を踏まえ、未来像を構築できたと自負できるのは、私のからだ全体で琉球の島々や琉球人から直接学ぶことができたからです。

大学時代から今日にいたるまで、西川潤氏、佐藤幸男氏、勝俣誠氏、川勝平太氏は、第三世界における植民地経済の構造、内発的発展の可能性、人権と平和、太平洋諸島の独立、アフリカと琉球との関係、海洋国家・琉球の独自性等について教えて下さるとともに、学ぶ機会や叱咤激励を頂戴しました。

石垣島、南大東島、与那国島、沖縄島で私を育ててくれた父・寛、母・トヨ子、そしてグアム、パラオ等で共に生活し私の研究・社会活動を理解し惜しみない力添えをしてくれた妻・尋子に感謝します。また、二〇一二年二月にニライカナイに行った弟・泰之も、常に私を見守ってくれました。

本書の上梓にあたって、バジリコ社長の長廻《ながさこ》健太郎氏からは、本書出版の企画・編集過程において多くの示唆を得ました。琉球独立は琉球人だけの課題ではなく、日本人に突きつけられている問題でもあります。琉球独立が持つ意味を琉球人とともに日本人にも真剣に考えてもらいたいと思いながら長廻氏と意見交換をし編集作業を進めました。日本の人々には、琉球を鏡として日本、日本人のあり方を再考してほしいと思います。

最後に本書を最後まで読んで下さった読者全員に感謝申し上げたい。琉球独立を他人事としてではなく自らの問題であると考え、琉球独立を批判する場合も、事実や理論の根拠を示して客観的、具体的に批判してほしい。現在、日本は学問や表現の自由が認められており、それは世界にも誇るべき国柄です。本書が琉球独立に関する議論を活発にさせ、学問としての琉球独立論がさらに深まれば幸いです。

松島泰勝

二〇一四年六月三〇日　　琉球とのスカイプ会議後に

松島泰勝（まつしま・やすかつ）

1963年沖縄県石垣市生まれ。早稲田大学政治経済学部経済学科卒。専門は島嶼経済。在ハガッニャ(グァム)日本国総領事館専門調査員、在パラオ日本国大使館専門調査員、東海大学海洋学部助教授等を経て現在、龍谷大学経済学部教授。2007年「NPO法人ゆいまーる琉球の自治」を立ち上げ代表を務める。2013年5月15日「琉球民族独立総合研究学会」の設立メンバーとして同学会共同代表就任。著書に『沖縄島嶼経済史——12世紀から現在まで』、『琉球の「自治」』(藤原書店)、『ミクロネシア——小さな島々の自立への挑戦』(早稲田大学出版部)、『琉球独立への道』(法律文化社)等がある。

琉球独立論

2014年7月20日　初版第1刷発行
2015年7月2日　初版第5刷発行

著者　**松島泰勝**
発行人　**長廻健太郎**
発行所　**バジリコ株式会社**
〒130-0022
東京都墨田区江東橋3-1-3
電話　03-5625-4420
ファックス　03-5625-4427
http://www.basilico.co.jp

印刷・製本　**株式会社光邦**

Printed in Japan
ISBN978-4-86238-211-5